Emil Blösch

Die Geschichte von Laupen

Emil Blösch

Die Geschichte von Laupen

ISBN/EAN: 9783743650442

Hergestellt in Europa, USA, Kanada, Australien, Japan

Cover: Foto ©ninafisch / pixelio.de

Weitere Bücher finden Sie auf **www.hansebooks.com**

Die

Geschichte von Laupen.

Von

Em. Blösch,
gew. Pfarrer in Laupen.

Bern.
Stämpfli'sche Buchdruckerei.
1875.

Die Geschichte von Laupen.

Von

Em. Blösch,
gew. Pfarrer in Laupen.

Bern.
Stämpfli'sche Buchdruckerei.
1875.

Die Geschichte von Laupen

von

Em. Blösch,

gew. Pfarrer in Laupen.

Der Mensch lebt nicht bloß in der Gegenwart, in dem, was er hat und sieht, besitzt und genießt, er hat eine Zukunft vor sich und eine Vergangenheit hinter sich. Wenn er unwillkürlich hoffende und fürchtende Gedanken als Kundschafter aussendet in das verheißene Land der Zukunft, die ihm sagen sollen, wie es kommen wird, so möchte er auch Kunde haben davon, wie es ehedem gewesen ist, und schickt seine — etwas zuverläßigeren — Boten auch in die bereits durchschrittenen Räume: die Erinnerung; weiter zurück die Geschichte; und noch weiter in das Dunkel hinein die Sage.

Im neuen Welttheile hat kaum die Familie, hat nur der einzelne Mensch seine oft ereignißreiche, wechselvolle, abentheuerliche, aber kurze Geschichte; in unserm Europa dagegen hat auch jeder Ort sein gleichsam individuelles Leben, seine eigenthümliche Geschichte, und hat in seiner Art die Spuren aufzuweisen, welche der Fuß der tausendjährigen Weltgeschichte in ihrem stetigen Vorüberwandeln von Zeit zu Zeit ihm aufgedrückt hat, ähnlich wie jene Steintrümmer, auf deren geschliffener und geritzter Oberfläche das Auge des Kenners herauslesen kann, daß einst ein mächtiger Gletscher darüber hinweggegangen ist.

Wenn der Schweizer aus der ruhmvollen Geschichte seines Vaterlandes den schönsten Theil seines patriotischen Stolzes, und seiner heimatlichen Gefühle schöpft, so hat er volle Ursache, auch nach den Schicksalen des kleinen Stückes Vaterland zu fragen, auf welchem er gerade jetzt wohnt und lebt. Die Geschichte einer einzelnen Ortschaft verdient aber um so mehr unsere Aufmerksamkeit, wenn sie nicht bloß Vaterstadt oder Wohnort ist, sondern wenn in ihrem kleinen Raum auch die großen Geschicke des ganzen Landes sich auf eigene Weise widerspiegeln, wenn sie selbst mit einer gewissen Bedeutung in jener freien Wechselwirkung stand, aus der die Welt und zunächst die Vaterlandsgeschichte sich zusammensetzt.

Ohne Laupens Kampf, by Berner,
Stand dir keine Heimat ferner,
Ohne Laupen — keine Schweiz!

Den Namen unserer kleinen Stadt kennt Jeder, der von der Schweizergeschichte nicht mehr weiß, als was auf zwei Blattseiten steht. Die Schlacht von 1339 hat ihn auf alle Zeiten in die Reihe der Namen gestellt, in deren Aufzählung der Schweizer seinen höchsten Ruhm zusammenfaßt; neben Morgarten, Sempach, St. Jakob und Murten, darf Laupen nicht fehlen. Dieß Ereigniß ist das größte, aber es ist nicht das einzige, wodurch Laupen ein Recht erhält, eine Stelle in der Geschichte einzunehmen. Weniger bekannt ist, daß es, älter als Bern, zuerst als freie Reichsstadt gleichberechtigt neben diesem stand, und dann als dessen erste Besitzung den bedeutungsvollen Anfang machte zu der immer weitern Ausdehnung des bernischen Gebiets, und zu Zeiten ein wichtiger Punkt war in der Gestaltung der westlichen Schweiz.

Quellen.

Im Jahre 1840 hat der damalige Regierungsstatthalter Chr. Wehren in einer eigenen topographisch=statistischen Monographie auch die Geschichte des Amtsbezirkes Laupen behandelt. Die Unvollständigkeit dieser zwar zum Theil sich auf Urkunden stützenden, doch immerhin fragmentarischen und unverarbeiteten Darstellung mag einem erneuten Versuche zur Rechtfertigung dienen. Die Chronik des Kantons Bern von A. Jahn enthält eine gedrängte Uebersicht sämmtlicher auf die Schicksale der Ortschaft bezüglichen Urkunden. Benutzt wurden ferner nebst den ältern Berner Chronisten Justinger (in der neuen Bearbeitung von 1871) und Anshelm, vorzugsweise eine im „Archiv des bern. historischen Vereins" enthaltene Reihe von gründlichen Forschungen von Professor G. Stu der: über die Quellen und die Geschichte des Laupenkriegs; Murten während des Laupenkriegs; die Berner Chroniken; die Studien über Justinger u. s. w. In der Darstellung der Vorgeschichte folge ich meistens dem neuesten und vollständigsten Werke, Wurstembergers „Geschichte der alten Landschaft Bern" und der Fortsetzung desselben durch E. v. Wattenwyl. Hauptquellen aber für die eigentliche Ortsgeschichte sind die Originalurkunden des hiesigen Gemeinde-Archivs, dessen Revision und Neuordnung die erste Veranlassung zu dieser Arbeit bot. Einige dieser Urkunden sind noch wohl erhalten, andere aber aus Mangel an Sorgfalt unlesbar geworden, zum Theil auch vollständig zerstört. Glücklicherweise bot die Sammlung des Solothurner Wochenblattes, in welchem die meisten abgedruckt sind, einen wenigstens theilweisen Ersatz.

I. Vorgeschichte.

1. Bodengestaltung.

Da wo die westwärts fließende Sense mit den nach Norden zu strömenden Gewässern der Saane zusammentrifft, steht ein steiler Sandsteinhügel in spitzem Winkel in die Ebene hinaus. Wann derselbe zu einer menschlichen Ansiedlung benutzt worden ist, wissen wir nicht: reden wir zuvor von den Naturkräften, welche hier gewaltet haben.

Der Augenschein lehrt, daß hier die nämliche Erscheinung stattgefunden hat, wie im Thale der Aare. Die aus Sand=steinniederschlag (Molasse) bestehende, 100—200 Fuß über dem jetzigen Flußbette gelegene Hochebene, die in welligen, tiefein=geschnittenen Hügeln sich hinzieht, bildete einst ein zusammen=hängendes Ganzes. Die auf derselben zahlreich hingestreuten Granitblöcke haben ihren Heimatschein vom Rhonethale, und erzählen uns von dem ungeheuern Gletscher, der zu einer Zeit das Land bedeckte und diese Steinmassen auf seinem breiten Rücken dahertrug.

Dann gruben die Wasserabflüsse immer tiefer sich in den weichen Sandstein hinein; die Saane dort, die Sense hier machten sich ein bald engeres, bald breiteres Bette, das z. B. nach der Vereinigung beider sich von Kriechenwyl bis nach Rüplisried, von Wyleroltigen bis nach Marfoldingen erstreckte, und dessen Grenzen wir zum Theil so deutlich sichtbar an jenen Flühen erkennen, die in schroffem Absturz jetzt das tief=gefurchte, völlig ebene Thal vom obern Hügellande scheiden. Zwischen diesen beiden Seitenwänden flutheten die wilden Gewässer regellos umher, allmälig die Sohle wieder mit dem Schutte anfüllend, den sie von ihrem Ursprung mit sich schleppten.

Der heftige Ansturm der Saane drängte die schwächere Sense auf die rechte Seite hinüber und fraß im Wirbel tief hinein; nur der Felskopf widerstand, auf welchem das Schloß jetzt steht, an welchen das Städtchen sich lehnt.

2. Die Pfahlbauzeit.

Wald bedeckte ohne Zweifel die Höhen, sumpfiges Ried die Auen, in welchen das Wasser beständig seinen Lauf ver=änderte. Unsere Nachrichten gehen nicht weiter zurück als bis zu den Zeiten der römischen Herrschaft. Auch jene stummen Zeugen fehlen fast gänzlich, die an andern Orten noch von ältern Bewohnern reden, von ihren Sitten und Beschäftigungen. Als die Ufer des Bieler=, des Neuenburger= und des Murten=

sees ringsherum besetzt waren mit zahlreichen, auf eichenen Pfählen in's Wasser hinaus gebauten Dörfern; als dort ein reges Leben herrschte, die Frauen Netze flickten, Thongefäße kunstreich formten, Horn=, Knochen= und Steinsplitter glätteten und Zeuge zu Gewändern oder Decken woben; und die Männer auszogen auf Jagd und Fischfang, um den Ihrigen Speise nach Hause zu bringen; da sah es wohl in unserer Gegend wild und einsam aus.

Da mochte vielleicht wohl einmal ein herumschweifender Jäger aus seiner Pfahlhütte im Greng [1]) mit seinem steinernen Beile, mit seiner in eine Knochenspitze endigenden Lanze oder mit seinen Pfeilen von Feuerstein einen flüchtigen Hirsch oder einen angeschossenen Urochs verfolgend hinüberkommen bis da, wo der plötzliche Absturz und die tief unten sich durch's Dickicht wälzenden Flüsse ihm geboten umzukehren. Da hat vielleicht ein Streifzug einer Anzahl kühner Männer es versucht, noch weiter zu bringen; sie haben vielleicht da, wo jetzt Laupen steht, mit dem Feuersteinsplitter in mühsamer Arbeit eine junge Buche gefällt, sich ein Feuer angezündet und ein Mahl bereitet; — aber Keiner hatte Lust hier zu bleiben, Keiner begehrte hier seine Hütte zu bauen, sie kehrten zurück und erzählten am Abend von der öden gefährlichen Gegend und den hier sumpfigen, dort reißenden Flüssen, die gar nicht so schön aussehen, wie der stille, klare Spiegel des Murtensees, in welchem eben die untergehende Sonne farbenprächtig niederstrahlte.

Und doch fehlte es wenigstens am Ende dieser Periode weder ganz an Bewohnern, noch auch an lebendigem Verkehr mit der übrigen Welt. In einer Kiesgrube in der Nähe von Wyleroltigen wurden vor nicht langer Zeit eine ganze Reihe von Gräbern aufgedeckt und als keltisch=helvetisch erkannt. Oestlich davon, auf dem Höhenrücken, der sich zwischen der Aare, der Saane und der westlich fließenden Sense ausbreitet,

---

[1]) Eine wichtige Fundstätte von Pfahlbauüberresten, ganz nahe bei Murten.

erhebt sich theils in freiem Felde, theils vom Walde bedeckt
eine Anzahl kleiner Hügel, die sich leicht als künstlich errichtete
Grabdenkmäler verrathen. Mehrere derselben wurden aus=
gegraben und erforscht, zwei davon bei Allenlüften erst im
Jahr 1870 gründlich untersucht. Das Ergebniß lautete da=
hin, daß sie beide aus keltisch=helvetischer Zeit herstammen;
ein Goldschmuck, der dabei gefunden wurde, läßt nach dem
Urtheile der Archäologen den zweifellosen Einfluß griechischer
Kunst erkennen, die von Marseille her schon in vorrömischer
Zeit in die westliche Schweiz und bis in diese Gegend drang.[1])
Das Land unserer nächsten Umgebung hatte somit nicht nur
seine, wenn auch spärlichen Bewohner, es stand sogar in Ver=
bindung und Handelsverkehr mit den Culturvölkern des süd=
lichen Europa.

3. Die Römerzeit.

Das friedliche Jäger= und Fischerleben hatte plötzlich ein
Ende; der römische Cäsar nahm das Land in seine gewaltige
eiserne Hand. Statt der Pfahlbaudörfer des Murtensees ent=
stand nicht weit davon die Römerstadt Aventicum mit steiner=
nen Mauern, Thoren, Hallen, Gerichtshäusern, Tempeln und
bald auch Theatern und Bädern. Dennoch, obwohl nur 3
bis 4 Stunden von der Hauptstadt Helvetiens entfernt, ist
unsere Gegend verhältnißmäßig äußerst arm an Ueberresten
aus jener merkwürdigen Zeit.

Doch der energische Wille der Römer brach sich auch
durch die Einöden Bahn, wenn er den kürzesten Weg aufsuchte
von einem Orte zum andern. Seine eiserne Axt wußte auch
die Wälder zu lichten, seine Kunst, die Gewässer einzudämmen
und zu überbrücken. Die Karte der römischen Ansiedelungen
in der Schweiz zeichnet eine Straße von Aventicum über
Laupen, entweder direkt nach Thun, oder nach Primaguardia,

---

[1]) Mittheilungen der antiq. Gesellschaft in Zürich. Band XVII.
Heft 1.

Bremgarten bei Bern. Wirklich soll das Steinpflaster einer solchen hier und dort zum Vorschein kommen in einer Linie, die sich von Schönenbühl her zwischen den Häusern von Kriechenwyl nach der Saane hinzieht; und nicht weit von der Stelle, wo jetzt die Straße den Fluß überschreitet, sind, wie Kundige behaupten, die von Gestrüpp und Kies halb überdeckten Grundpfeiler einer Brücke zu erkennen, welche in der Verlängerung des eben genannten Straßenzuges hier einst die beiden Ufer mit einander verband. Das Material, aus welchem das Gemäuer bestehen soll, Quaderstücke aus sogenanntem Brüttelenstein, würde die Ansicht bestätigen, daß das Werk von römischer Arbeit sei, und der Vermuthung einer hier durchführenden Straße große Wahrscheinlichkeit geben.

Diese Straßen wurden fast ausschließlich zu militärischen Zwecken erbaut. Ob damals auf dem jetzigen Schloßhügel zur Wehr des Flußübergangs ein Wartthurm stand, davon ist nichts bekannt; keine Mauerreste, keine Inschrift, kein Ziegelstein, keine römische Münze könnte zum Beweise angerufen werden. Ein zu Kriechenwyl vor Jahren gemachten Münzfund ist leider ganz verschleudert worden, dieser hätte uns sonst möglicherweise ungefähr die Zeit angeben können, da jene Straße erbaut und benutzt worden ist.

4. Alemannen und Burgundionen.

Wieder kam eine andere Zeit; das kaiserliche Römerthum offenbarte die ganze Hohlheit seiner auf Gewalt und Schein erbauten Macht. Von Außen nur dem Lande aufgedrungen, wurde die römische Gesittung auch von Außen wieder von demselben weggedrängt, als die deutschen Stämme der Burgunder oder Burgundionen und der Alemannen aus ihrer bis heute noch nicht genau bekannten Urheimat von Norden her auch Helvetien überschwemmten und sich als neue Bewohner hier festsetzten.

Wenig über 200 Jahre nach Christi Geburt hatten nach römischen Geschichtschreibern die kaiserlichen Feldherrn in Deutschland einen blutigen Zusammenstoß mit dem Volk der Alemannen, dessen Name hier zuerst auftaucht. Von da an ist viel von ihnen die Rede; die wilden kampflustigen Schaaren machten plötzliche Einfälle, nicht sowohl Eroberungs- als vielmehr Zerstörungszüge. Sie sollen jedesmal zurückgeschlagen worden sein; aber diese Niederlagen fanden jedesmal tiefer innerhalb der Grenzen römischen Gebietes statt. Unbekannt ist die Zeit ihres Eindringens in das helvetische Land, wahrscheinlich eben deßhalb, weil es stoßweise geschah, mit Rückzügen wechselte, und erst allmälig zu bleibender Ansiedelung sich gestaltete, als der Widerstand der Römer schwächer wurde. Die Kaiser hatten den Schwerpunkt ihrer Herrschaft in den Orient verlegt und überließen allmälig die völlig verwüsteten Gegenden ihrem eigenen Schicksal.

Die Burgundionen waren unterdeß erst dem Rheine, dann dem Jura folgend immer weiter nach Süden gerückt; endlich wiesen ihnen die Römer selbst in der Mitte des 5. Jahrhunderts (443 nach Ch.) feste Wohnsitze an, in Sabaudia, Savoyen, d. h. zu beiden Seiten des obern Jura, weit nach Frankreich hinein in das noch jetzt von ihnen den Namen tragende Land, im westlichen Theile der Schweiz und in den Alpen südlich des Genfersees. Sie werden ganz anders als die rauhen, zerstörungslustigen, noch heidnischen Alemannen geschildert. Die Burgundionen bekannten sich zur Zeit ihrer Einwanderung bereits zum Christenthum, sie lebten still und friedlich und nahmen, wie die Religion, so die Sitten und die Sprache der an Bildung ihnen überlegenen Gallier an.

Friedlich ging auch die Besetzung des Landes vor sich, durch eine in der Geschichte ohne Beispiel dastehende Uebereinkunft mit den frühern Bewohnern. Jeder burgundionische Faramann oder Kriegsmann wurde an einen der Gallier oder Römer gewiesen, und dieser mußte ihm einen Drittheil seiner Leibeigenen und zwei Drittheile seiner urbaren Ländereien herausgeben; die Höfe, die Obstgärten, die Forsten und die ausgerodeten Waldungen wurden zu gleichen Theilen getheilt.

Es war ein für den Beraubten hartes, für den Eroberer nach den Sitten der Zeit außerordentlich mildes Gebot, das so der Westschweiz eine neue Bevölkerung gab.

Aus der Vermengung dieser beiden Völkerschaften, der Alemannen und der Burgundionen, ist das Schweizervolk entstanden. Eine scharfe Grenze kann nicht nachgewiesen werden. sie fällt zum Theil, doch nicht überall und nirgends genau, mit der Scheidelinie zusammen zwischen der deutschen und der französischen Sprache.

Aus den geschlossenen Ortschaften, den alten ummauerten Städtchen und den eng aneinander gebauten Dorfwohnungen im Jura und längs seines südlichen Fußes schließen wir auf vorherrschend burgundische, aus den ganz zerstreuten freistehenden Höfen, den kleinen, aus einzelnen Höfen entstandenen Weilern und den innerhalb der Dörfer frei durch einander geworfenen, fast gegen Berührung sich sträubenden Häusern des Emmenthales auf vorherrschend alemannische Bewohnerschaft. Wir kennen eine am Juraabhange liegende, weit ausgedehnte Kirchgemeinde, in deren oben liegenden Bürgerschaften der Geschlechtsname „Alemann" vorkömmt, während in den unten in der Ebene gelegenen der Name „Burgunder" sich findet. Oben war der Alemanne, unten der Burgunder ursprünglich ein Fremdling, den man nach seiner Herkunft zu bezeichnen pflegte.

In diesem Jahrhunderte langen Hin- und Herschwanken der Sprach- und Bevölkerungsgrenze fiel unserer Gegend eine nicht unwichtige, wenn auch zunächst rein negative Aufgabe zu. Der von der Voralpenkette des Stockhorns sich abzweigende, rauhe und sicher lange unbewohnte Hügelzug des jetzigen Guggisberg, unten auslaufend in den tiefen Thaleinschnitt der Sense und der Saane, bildete eine natürliche Scheidewand bis nahe an den Jura hin. Wenn auch die spätere Bezeichnung der Gegend als Uechtland richtiger von jenem Ogo abgeleitet werden mag, von welchem Château d'Oex den Namen tragen soll, so ist doch als ziemlich sicher anzunehmen, daß der thatsächliche Zustand des Landes der populären Etymologie vollständig entsprach. Das „Uechtland" war ohne Zweifel in jener Zeit ein ödes, wüstes, schwer zugängliches, größtentheils mit Wald bedecktes Land.

Auch auf der Hochfläche des Wybenfeldes mag vielleicht damals ein Zug alemannischer Reiter angekommen sein mit Weibern und Kindern. Da wo am steilen Absturz über der Sense der Blick nach Südwesten sich öffnet und die Gegend bis zum Moleson und der Dôle hin zu Füßen des Beschauers liegt, machten sie Halt, beriethen sich und faßten den Beschluß hinüberzugehen; die Seiteneinsenkung benutzend, stiegen sie behutsam an den Fluß hinab, an der Stelle vorbei, da wo jetzt Laupen steht, auf einer Furth durch die seichten Gewässer, durch die Erlengebüsche hindurch an das andere niedrige Ufer. Keine Nachricht erzählt uns davon, aber die unzweifelhaft alemannischen Namen: Bösingen, Tübingen, Fendringen u. s. w. machen es wahrscheinlich, daß auch an dieser Stelle ein Einbruch stattgefunden hat, der sich vielleicht noch weiter nach Westen erstreckte, vielleicht an der Saane schon sein Ende fand.

Deutsche Ortsnamen finden sich bekanntlich bis tief in das Waadtland hinein neben den französischen, und oft ist es schwer, oft fast unmöglich zu entscheiden, welcher von beiden der ältere sei, ob wir im deutschen Namen ein deutsch ausgesprochenes „Welsch", oder im französischen ein corrumpirtes Deutsch vor uns haben, oder ob beide völlig unabhängig von einander sind. Wir erinnern nicht allein an die vielen Endungen auf „ens" und „ins", auf „enges" und „inges", die dem schwäbischen „ingen" entsprechen; wir verweisen weiter auf Barberêche (Bärfischen), Belfaux (Gumschen), Guin (Dübingen), Romont (Remund), Echallens (Tscherlitz), Lucens (Lobsigen), Bulle (Boll), Nyon (Neuß). Nicht allgemein bekannt ist es, daß auch Laupen selbst zu dieser Zahl gehört, da es urkundlich neben seiner deutschen Bezeichnung auch einen französischen Namen trug, der noch im 14. Jahrhundert gebraucht, seither gänzlich in Vergessenheit gerathen ist.

Die nähere Umgegend, nämlich der nördliche Theil des jetzigen Kantons Freiburg, bietet aber noch eine andere Reihe von Namen, welche zum Theil lateinischer Bildung angehören, zum Theil aber auch ganz fremdartig lauten und die Aufmerksamkeit eines Sprachforschers verdienten. Wir haben hier nicht nur die in der bekannten, auch im bernischen Jura so häufig vorkommenden Weise mit Court zusammengesetzten Ortsnamen: Courtaman, Courtepin, Courgevaux (Gurwolf), Courmoen, Cordast, Gurbrü, und Altavilla; sondern dazwischen die Monterchu, Kuschelmuth, Onrutels, Salfenach, Gempenach, Merlach (Meyriez), Grissach (Cressier), Galmitz, Ulmitz; und etwas weiter hinauf neben Courmillens, Courtion, Cormarod, das schon genannte Gumschen (Belfaux), Groley, Donatyre (deutsch Muetezieh), la Corbaz, Misery, Gottela, Pechavu, Gueravet, Oleyres und unzählige ebenso auffällig klingende.

Bekanntlich unterscheiden sich die Bewohner des Kantons Freiburg wesentlich von ihren Nachbarn zu beiden Seiten. Es möchte wohl, bis genauere sprachkundliche Untersuchungen hierüber vorliegen, der Schluß nicht zu gewagt erscheinen, wenn wir die Vermuthung aussprechen: als der große alemannische Heerzug in die Westschweiz stürmte, stieß er hier in der Nähe von Aventicum auf eine ziemlich starke helvetisch-römische Bevölkerung, welche sich selbst, ihre Dörfer, oder wenigstens deren Namen zu erhalten vermochte, als die stolzen Bauwerke der alten Landeshauptstadt unter der Zerstörungswuth der rauhen Horden in Trümmer fielen. Als später die Burgundionen vom Jura und vom Westen her andrängten, wurden die ältern Bewohner gezwungen, sich in die innern Theile zu beiden Seiten des Saaneflusses zurückzuziehen. Am westlichen Ufer blieb die römische Sprache die herrschende, und trug dazu bei, die nun fast abgeschnittenen alemannischen Ansiedler des Waadtlandes allmälig ihrer deutschen Sprache zu entfremden, während die anfangs sicher nur schwach, und theilweise von Alemannen bevölkerte östliche Gegend sich dem

deutschen Idiom assimilirte. Aber noch haben wir ein Welsch=
bösingen, nur eine Stunde von Laupen entfernt, nur durch
die Saane vom deutschen Bösingen getrennt, jetzt selber völlig
deutsch, und rings im deutschen Sprachgebiet. In der gegen
den Murtensee sich abdachenden Gegend erhielten sich die alten
helvetisch-römischen Namen auch als in unbekannter Zeit deutsche
Leute in die Dorfschaften einzogen. Demselben Stamm, wie
die Bewohner des Freiburger Gebiets, gehören wohl auch die
südlichen Nachbarn Laupens, das Hirtenvolk an den Quellen
der Sense, auf den Höhen von Guggisberg an; Racentypus,
Sprache und Tracht zeigen deutlich die Verwandtschaft an.

5. Das ältere burgundische Reich.

Den Alemannen gelang es nicht, in diesen Gegenden ein
staatlich geordnetes Gemeinwesen einzurichten. Anders ist es
mit den Burgundionen. Der König Gondebald war nicht
bloß ein rücksichtsloser, gewaltthätiger Mensch, der die Bande
der Familie nichts achtete, wo sie seinem Ziel im Wege stan=
den, nicht bloß ein listiger und entschlossener Fürst, der es
verstand, seine Pläne in der rechten Stunde zu verwirklichen
und seine Grenzen zu erweitern, er war auch ein weiser Ge=
setzgeber, und hat in dieser Beziehung seinen Namen für
immer und in gutem Sinne unvergeßlich gemacht.

Das in den Jahren 501 und 502 zuerst zu Ambérieux,
dann zu Lyon aufgestellte gondebaldische Gesetz wurde zwar
vom Könige und seinen 32 mit unterzeichneten Reichsgroßen
zunächst nur für das eigentlich von Burgundern bewohnte Land
und für die Burgunder erlassen, galt aber vermuthlich lange
Zeit bis tief in die deutsche Schweiz hinein, welche Gondebald
bis zur Reuß zu seinem Reiche schlug; und wenn es richtig
ist, daß man in unsern frühern bernischen sogenannten Sta=
tutarrechten die Spuren dieses burgundischen Rechtes erkennt,
so läßt sich dessen Geltung am wenigsten bezweifeln für die
Gegend an der Sense.

Unpartheilichkeit, billiges Gerechtigkeitsgefühl und Milde zeichnet nach übereinstimmendem Urtheil dies Gesetzbuch aus vor allen ähnlichen der Zeit. Die besiegten, vielfach unterdrückten römischen Einwohner oder Romanen sollten rechtlich auf der gleichen Linie stehen mit dem herrschend gewordenen Volke. Der allgemeinen Sitte gemäß gab es Freie und Unfreie, in verschiedenen Rangstufen; das Gesetz hob diese Unterschiede nicht auf, aber es suchte dieselben zu mildern. Innerhalb der einmal feststehenden Ordnung galt Gleichheit vor dem Gesetz, und war jede Willkür ausgeschlossen.

Die christlichen Burgunder brachten die neue bereits zur Römerzeit sich rasch ausbreitende Religion zur Herrschaft im westlichen, und bald wohl auch im alemannischen Theile des Reichs. Gondebald soll mit vielen seines Volks dem arianischen Glauben zugethan gewesen sein, doch wurde dieser von dem katholischen, mit dem Bischofssitze zu Rom im Zusammenhang stehenden Kirchenthum überwunden und unterdrückt. In dem zerstörten Aventicum residirte ein Bischof, dessen Sprengel an der Aare an das Bisthum Vindonissa grenzte.

Ob damals das Thal der Sense und des untern Saanenlaufs bereits von Ansiedelungen besetzt gewesen sei? Keine Anzeichen sprechen dafür, wir glauben annehmen zu sollen, daß die von Osten her kommende Einwanderung sich anfangs wenig über die Aare hinaus verbreitet habe; daß die herrliche Waldung, deren von allen Seiten beschnittener Ueberrest noch jetzt den schönsten Holzbestand des bernischen Kantons bildet, damals noch die ganze Hochebene bis an die Senseabhänge bedeckte. Gerade seiner Unbewohntheit hatte wohl dieser Landestheil den großen Vorzug zu verdanken, daß er als Domaine des Königs erklärt, späterhin unmittelbares Reichsgut wurde.

Auf Gondebald folgte im Jahr 516 sein Sohn Sigismund als Beherrscher Burgunds. Ausgezeichnet fast nur durch vorwiegend kirchlichen Sinn, hat er für die Cultur der westlichen Schweiz eine gewisse Bedeutung erlangt durch die Be=

günstigung des Klosters St. Moriz im Wallis, dem er wahrscheinlich auch in unserer Gegend einen Theil seiner Krongüter schenkte (Chunicis, Mulinberc, Ponticale, Schwarzenburg [1]). Im Uebrigen führte aber seine unglückliche Regierung seines Reiches Untergang herbei. Mit seiner Hinrichtung im Jahr 523, vielleicht erst 534, nach dem vergeblichen Widerstandsversuche seines Bruders Godemar, ging die Herrschaft über an die gewaltthätigen Nachfolger Chlodwigs, die Könige der Franken. So hatte das erste burgundische Reich nach noch nicht völlig 100 Jahren wieder sein Ende erreicht, verschlungen in die Völkermasse des bald ganz Westeuropa umspannenden Weltreichs. Die Zeit der Völkerwanderung war damit vollends abgeschlossen und mit der ganzen Schweiz trat auch das Grenzgebiet des Uechtlandes in die Anfänge staatlicher Ordnung, die Bedingung fester Ansiedelungen und friedlicher Bildung ein.

6. Das Frankenreich.

Childebert, Chlotar und ihres Bruders Sohn, Theodebert, hießen die Könige, welche das besiegte Burgund zuerst verwüsteten, dann unter sich vertheilten. Doch behielt das Land seinen alten Namen bei und wurde eine der vier großen Provinzen des Reichs, neben Aquitanien, Austrasien und Neustrien. Gehörte das eigentliche, schon von Chlodwig unterworfene Alemannenland am Rhein zu Austrasien, so scheint dagegen das vom nämlichen Volksstamm bewohnte, aber burgundisch beherrschte Gebiet zwischen Saane und Reuß auch ferner zu Burgund gerechnet worden zu sein; und wurde deßhalb nicht, wie die nördliche Schweiz, wie Elsaß, Schwaben und Baiern von alemannischen Herzogen, sondern unmittelbar vom Könige verwaltet. Ueberhaupt bewahrte Burgund noch einige Zeit den Schein einer gewissen politischen Selbständigkeit.

Der König war ein Merovinger, als Hauptstadt der Provinz galt meistens das entfernte Orleans. Der östliche

---

[1] Vergl. später.

und nördliche Theil des Waadtlandes, die Gegend zwischen dem Murten- und dem Neuenburgersee und das ganze Thal der Broye trug den auffallenden und ganz verschollenen Namen Warascum, der wahrscheinlich auch das spärlich bewohnte obere Seeland und den jetzigen Amtsbezirk Laupen mit bezeichnete.[1]

Wenn die wenigen Bewohner nicht gänzlich abgeschnitten waren vom Verkehr mit der übrigen Welt, so vernahmen sie im Jahr 563 mit Entsetzen die Kunde von dem außerordentlichen Naturereignisse, als durch einen Bergsturz und dessen Folgen zuerst das untere Wallis, und dann die Ufer des Genfersees verwüstet wurden; noch größer aber mochte wohl das Grauen sein, das die Bluttthaten der merowingischen Königsfamilie erregten, als Brunehilde und Fredegonde, wie zwei Hyänen sich selbst und ihre Länder in großartiger, aber scheußlicher Eifersucht zerfleischten und die erstere endlich eine Strafe erlitt, die noch furchtbarer war, als ihre Verbrechen gewesen. Nahe genug war das Schloß Orbe, wo sie ihre Zuflucht gesucht und den Tod gefunden hat, daß das Gerücht bis in diese Einsamkeiten bringen konnte.

Vielleicht haben die Wirkungen der endlosen dynastischen Kriege sich einmal noch viel näher und unmittelbarer fühlbar gemacht. Als die Brüder Theodebert von Austrasien und Dietrich von Burgund einander bekämpften, brach im Jahre 610 von Osten her, wahrscheinlich auf des erstern Anstiftung, ein Heer von Alemannen in den aventicensischen Gau, überwand in einer gewaltigen Schlacht den Widerstand der Burgunder, metzelte den größten Theil derselben nieder, durchzog das ganze Land diesseits des Jura, und kehrte mit großer Beute und vielen Gefangenen wieder zurück. Die Schlacht fand bei „Wangen" statt. Es ist der Lage nach nicht unmöglich, daß wir die an der Straße von Bern nach Freiburg gelegene Ortschaft darunter zu verstehen haben.[2] In

---

[1] Wurstemberger I. 267.
[2] Wurstemberger I. 276.

diesem Falle mußte der Verheerungszug der deutschen Wilden gegen den Murtensee hin ganz in der Nähe von Laupen vorübergehn.

Wenn damals die Könige ihre Pflichten nicht kannten, so gab es Bischöfe, welche ihre Aufgabe um so besser erfüllten. Wir denken an Bischof Marius von Aventicum, der während der zwanzig Jahre seiner Amtsführung (entweder 581— 601, oder wahrscheinlicher 573—593) einen außerordentlich wohlthätigen und vielseitigen Einfluß auf die Christianisirung und Cultivirung seiner Diözese geübt hat. Konnte damals von Wiflisburg und Peterlingen her auch in unsere entlegenen Winkel einiges Licht einbringen, so war es sicher diesem höchst bedeutenden, an Bildung und Charakter hervorragenden Manne zu danken, der durch sein Chronikon zugleich eine wichtige Geschichtsquelle über diese dunkle Zeit geworden ist. Leider war er es zugleich, der den Bischofssitz von dem zerstörten Aventicum nach dem aufblühenden Lausanne verlegte, und somit der Gegend wieder etwas an fördernden Kräften entzog. Vielleicht stammt von ihm die erste Anlage einer Pfarrkirche zu Kerzers (ad Carceres), die bald hernach bereits als bestehend genannt wird.

Ungefähr um die nämliche Zeit war es, da, wie Gallus und Columban in der östlichen, Beatus in der mittleren Schweiz, so der Sage zufolge Donatus aus Orbe dem Lauf der Saane bis zu ihren Quellen nachgehend, ein reineres Christenthum verkündigte, als dasjenige war, das man aus fränkischem Beispiele kannte.

Wie für die burgundische Bewohnerschaft das gondebaldische Gesetz, so galt dagegen für die Leute alemannischen Stammes ihr eigenes Recht, dessen Uebungen und Gewohnheiten unter König Chlotar II. und seinem Sohne Dagobert (629) zu einem vollständigen Gesezbuch zusammengestellt wurden. Doch waltete dabei weniger der Zweck, die hergebrachten Rechtsgebräuche zu erhalten, als vielmehr durch Begünstigung der Kirche, ihrer Diener und ihrer Einrichtungen das rohe, noch heidnische Volk dem Einfluß der christlichen Lehre zu unterwerfen und allmälig in fränkische Sitte hineinzugewöhnen. Die der wilden Selbsthülfe entsprechende Blutrache sollte verdrängt werden durch die Erlegung des Wehrgeldes, dessen Höhe sich gesetzlich nach dem Stande der Mörder und der Gemordeten richtete. Auch bei den Alemannen war die kastenartige Rangunterscheidung in Kraft, von den Freigebornen bis zu den Leibeigenen hinunter; doch erhielten mit der Zeit die letzteren im Dienst der Fürsten und der Kirche nicht selten eine die ursprünglich Freien an Macht und Ansehen überragende Stellung.

Die Nachfolger Dagoberts sanken zu immer tieferer Bedeutungslosigkeit herab; an die Stelle ihrer schwachen Hände trat mit geschichtlicher Nothwendigkeit die energische Faust eines Pipin von Herstal und Karl Martel; Childerich wurde in's Kloster geschickt und Pipin der Kurze ließ sich auf den Thron erheben (751), ohne daß wir von den Geschicken unserer Gegend das Geringste vernehmen. Wir wissen nicht einmal genau, ob dieselbe zu Burgund oder zu Austrasien gehörte, ob ihre kriegspflichtige Mannschaft in den öftern Kriegen zwischen beiden Merovinger-Reichen auf der Seite dieser oder jener Fürsten kämpfte. Wahrscheinlich hatte das Land die größte Mühe, sich aus der Verwüstung des letzten Alemannenzuges von 610 wieder zu erholen; nur wenige urkundlich vorkommende Ortsnamen beweisen, daß die mittlere Schweiz überhaupt Bewohner hatte; aber keiner dieser Namen liegt in dem waldigen Thale der untern Sense.

Im Jahre 768 starb Pipin und 771 brachte Karl der Große das ganze fränkische Reich in seine Macht. Seine weithin herrschende, weise ordnende, großartig schaffende Hand reichte auch in unser Land hinein, seine Gaugrafen verwalteten und richteten, seinem Rufe folgte die kriegstüchtige Mannschaft in die niedersächsischen Sümpfe und an die Ufer des Ebro, sein Befehl erbaute Kirchen und Klöster, rodete Wälder aus und richtete Meierhöfe ein; — aber keine Nachricht gibt uns von allem dem genauere Kunde; seine Thätigkeit hat bei uns keine sichtbaren Spuren zurückgelassen, keine wenigstens, die mit Sicherheit auf ihn zurückzuführen wären.

Das fast einzig bastehende Herrschergenie schloß am 28. Januar 814 die Augen; sein Haus zerfiel in sich selbst, seine Enkel rieben ihre Macht auf im gegenseitigen Kampf. Die Bewohner der Westschweiz theilten mit dem Aeltesten, Lothar, die entsetzliche Niederlage in der Schlacht bei Fontenay (841) gegen seine Brüder, und fielen in der folgenreichen Ländertheilung zu Verdun (843) seinem neuen Reiche Lotharingen zu. Aber schon sein Sohn Lothar II. brachte sich durch eigne Schuld den Untergang; von Neuem theilten Ludwig der Deutsche und Karl der Kahle Lothars Land, und das ganze Gebiet diesseits des Jura kam damit an's deutsche Reich (zu Aachen 870).

Die Nachrichten, welche Namen aus der Schweiz, aus dem Vernerlande nennen, nehmen im Laufe des 9. Jahrhunderts zu an Zahl, aber noch jetzt weisen uns keine in das spätere Uechtland hinein, dessen physische Beschaffenheit wohl eine ähnliche unwegsame Finsterniß darbieten mochte, wie sie jetzt dem Forscher in seiner Geschichte begegnet. Die wenigen Anbauer aber mochten wohl mit zu leiden haben unter den auffallenden Landplagen, welche das Bisthum Lausanne unter Ludwigs des Deutschen Regierung heimsuchten. Am 21. März 868 fiel ein außerordentlich hoher Schnee, und diesem folgte eine große Hungersnoth; im Jahr 875 wurde das Land von ungeheuern Schwärmen von Heuschrecken verheert. Nur von Ins und Treiten vernehmen wir etwas: eine blutige That, wie am erstern Orte der Bischof David von Lausanne im Jahr 850 oder 51 einen leibeigenen Mann getödtet habe, und dann selbst in einem heftigen Kampf zu Treiten erschlagen worden sei, wo sein Blut noch jahrelang an einem Feldstein sichtbar war. Entsetzen erregend leuchtete einst in der Nacht eine mächtig rothe Gluth von Westen herüber: die Fragenden vernehmen: die gefürchteten Wickinger seien eingebrochen und hätten das ihnen hartnäckig widerstehende Wiflisburg mit einem riesigen Holzstoß umgeben und diesen angezündet, um die Mauern endlich durch Feuer mürbe zu machen. So wurde das einst von einem andern nordischen Helden Bivilo auf dem Forum von Aventicum begründete Städtchen wieder zerstört.[1]

Der allmälige Anbau des Landes wurde vorzüglich begünstigt durch die Ausbildung des Lehenwesens, welches auf's Glücklichste den Uebergang vermittelte zum Privatgrundbesitz auch für die kleineren Leute. Ein großer Theil des Bodens bestand aus Krongütern, ein anderer war im Besitze der Kirche, und ein dritter war Allod, freies Eigenthum eines begüterten Adels. Da den Besitzern solcher Gütercomplexe die Bewirthschaftung derselben nicht möglich war, so übergeben sie einzelne Stücke, Huben oder Hoben, an andere Anbauer aus niedrigerem Stande unter verschiedenen Rechtsverhältnissen, übten aber dabei über Huben und Huber als Grundherrn stets die Gerichtsbarkeit aus. Galt die Verleihung ursprünglich nur auf Lebenszeit sowohl des Verleihers als des Belehnten, so wurde doch Vererbung erst zur Uebung, dann zum Recht, und der Bebauer wurde unter Vorbehalt gewisser Naturalleistungen thatsächlich Eigenthümer seines Bodens. Nach allgemeiner Annahme bestand ein Lehengut oder eine Hube aus 4 Schupposen, eine Schuppose aus 12 Jucharten.

7. Das zweite burgundische Reich.

Die karolingische Herrschaft zerfiel, nicht minder ruhmlos, als vordem die merovingische. Im November 887 wurde Karl der Dicke von seinem unächten Brudersohn, Arnulf von Kärnthen, vom Throne gestürzt; die mühsam unter dem Szepter des verkommenden Geschlechts zusammengehaltenen Völker gingen ihre eigenen Wege; auch Burgund diesseits des Jura erinnerte sich seiner alten Selbstständigkeit, nachdem bereits

---

[1] Wurstemberger Bd. I, pag. 345.

das südwestliche Frankreich als ein eigener Staat sich losgerissen hatte.

Da wo der letzte König des ältern burgundischen Reichs einst seinen geistigen Haltpunkt gesucht, in der Abtei St. Moritz im untern Wallis, wurde 888 durch eine Anzahl von geistlichen und weltlichen Großen der angesehenste und mächtigste Mann des Landes, der bisherige königliche Statthalter, Markgraf Rudolf, ein entfernter Anverwandter der karolingischen Familie, zum König proklamirt. Die ganze westliche Schweiz, von dem obern Ende des Genfersees an, vielleicht noch mit einem Theile von Savoyen, wahrscheinlich bis ans linke Ufer der Aare bildete sein neubegründetes Königreich, zu welchem auch das ganze bernische Seeland — im Jahr 895 sogar bis Solothurn — jedenfalls aber das Flußgebiet der Saane und Sense gehörte. Er fand innerhalb dieser Grenzen allgemeine Anerkennung, allein der deutsche König Arnulf erhob Einsprache und rückte gegen den Rebellen heran. Rudolf war genöthigt in die innersten Thäler seines Gebiets zurückzuweichen, bis der Feind von selbst wieder abzog und ihm sein Land überließ.

Noch wissen wir keine uns näher liegende Ortschaft zu nennen, Rudolfs Kriegsvolk aber erfocht im folgenden Jahre einen großen, des Ruhmes würdigen Sieg. Frankreichs Fürst Odo rief die befreundeten Burgunder gegen einen übermächtigen Einfall der Normannen an der Garonne zu Hülfe, und die Bewohner der Westschweiz retteten Frankreich in einer furchtbaren Schlacht vor der drohenden Gefahr. Wie mochten sie erzählen, die glücklich nach Murten, nach Kerzers oder an die Sense heimgekehrten, von jenen gefürchteten Heiden, dem Schrecken Europa's im ganzen 9. Jahrhundert!

Bald darauf jedoch hatte Rudolf neuerdings sich gegen Arnulf zu behaupten. Dieser kehrte aus Italien nach Deutschland zurück, und nahm seinen Weg über den großen St. Bernhard. Der Burgunder wollte ihm den Durchzug durch sein Land verwehren; es gelang ihm nicht, er wurde zu St. Moritz geschlagen, und zum zweiten Male wurde das ganze Gebiet westwärts der Aare entsetzlich verheert von dem mit Gewalt den Weg sich bahnenden und den versuchten Widerstand rächenden Heere. Wenn die Gegend unserer Geschichte dieses Schicksal nicht theilte, so hatte sie es einzig ihrer Unzugänglichkeit zu danken; ganz unberührt ist sie schwerlich geblieben, sei es auch nur als Zufluchtsstätte für die anderswo Vertriebenen.

König Rudolf starb 911 oder 912. Sein Land hatte über die Plagen dieser Verheerungszüge hinaus noch im Jahr 896 eine Hungersnoth zu erleiden, in welcher den Berichten zufolge die Menschen einander gegenseitig aufgezehrt haben sollen. Trotz der augenscheinlich nicht gewöhnlichen Regententugenden des Begründers seiner Dynastie war seine Regierungszeit kaum eine glückliche zu nennen.

Nicht glücklicher lautet die erste Nachricht, die wir über seinen Sohn und Nachfolger, Rudolf II., besitzen. Wahrscheinlich verleitet durch die in der östlichen Schweiz ausgebrochenen Wirren, erweiterte er seine Grenzen über die Aare hinaus, traf aber 919 bei Winterthur auf ein Heer des alemannischen Herzogs Burkhard und wurde in die Flucht geschlagen. Allein dieß feindliche Zusammentreffen der beiden Fürsten führte bald zu einer friedlichen Verbündung und zu einem Ereignisse, daß für einen großen Theil der Schweiz, insbesondere auch für unsere Gegend von den wohlthätigsten Folgen begleitet war, und den wichtigsten kulturgeschichtlichen Wendepunkt, den eigentlichen Anfang höherer Gesittung bezeichnet. Rudolf verehelichte sich mit Burkhards Tochter, Bertha, und Burgund erhielt in ihr seine spinnende Königin, gleichsam den Typus glücklicher Verschmelzung romanischen und deutschen Wesens, aus welcher der Schweiz ihre Zukunft erblühte. Wenn die Sage jede segensreiche Stiftung, jeden Kirchenbau aus unbekannter Zeit ohne Weiteres dieser Königin zuschreibt, ja wenn ihre mit der Spindel zu Pferde sitzende Gestalt jetzt zum Märchen geworden ist und mit der schicksalspinnenden Göttin der Mythologie verschmolz, so leistet diese

Tradition sicherer als jede Urkunde es vermöchte, den Beweis für den Einfluß, welchen jene alemannische Fürstentochter auszuüben verstand. Ihre stille, sittigende Wirksamkeit ging offenbar viel tiefer in's Volksleben hinein und brachte eine größere Umgestaltung im ganzen Lande hervor, als irgend ein Regierungswechsel oder eine Schlacht, die nach Jahr und Tag auf Pergament verzeichnet sind.

Hätte auch der König in seiner Art die innere Cultur des schönen Gebiets sich zur Aufgabe seiner Verwaltung gemacht, so hätte er diesem in der Periode neu gewonnener Unabhängigkeit eine lange Zeit höherer Wohlfahrt und allseitigen Gedeihens zu verschaffen vermocht. Ein mehr unbesonnener als unternehmungslustiger Ehrgeiz ließ ihn einer Lockung unterliegen, die der Zufall ihm bot. Eine unzufriedene Parthei rief ihn auf den Königsthron Italiens. Seine treuen Burgunder folgten ihm zwei Mal über den großen St. Bernhard hinüber, um sein oberitalisch-lombardisches Reich zu behaupten, und theilten hier das wechselnde Kriegsglück des charakterschwachen Mannes: die große Niederlage bei Florentiola, zwischen Parma und Piacenza, gegen die Ungarn (923), die völlige Zerstörung seiner Hauptstadt Pavia, und die wilde Flucht nach Mailand im Jahr 925, als sie, von wälscher Tücke umgeben, sich von ihrem Könige verrathen und verlassen wähnten, bis er endlich in sein vernachläßigtes und vielfach geschwächtes Stammland wieder zurückkam.

Im Jahr 933 oder 34 gelangte ein neuer Ruf an ihn, und er war im Begriff, noch ein Mal sein Glück zu versuchen, als sich ihm eine andere Aussicht eröffnete. Sein vordem siegreicher Gegner in Italien, Hugo, zugleich Haupt des sogenannten arelatensisch-burgundischen Königreichs, bot ihm die Abtretung dieses letztern an. Rudolf gelobte, allen Ansprüchen auf Italien zu entsagen, und verband nun mit seinem transjuranischen Ländergebiet auch den zwischen der untern Rhone, den Alpen und dem Mittelmeer gelegenen Theil des jetzigen Frankreich mit der Hauptstadt Arles. Ein neues Staatengebilde war so in Europa entstanden, vielmehr ein altes, das Reich Gondebalds und Sigismunds, nach 400 Jahren wieder zum Leben erstanden.

Rudolf II. starb 937. Die Unfälle, welche seine Regierung betrafen, hatte er meist selbst verschuldet; was ihm an Glück widerfuhr, so vor Allem der Gewinn des arelatensischen Reichs, hatte er kaum der eigenen Thatkraft, nur dem Zufall zu verdanken. Billig überragt ihn seine Gattin Bertha in dem Gedächtniß der Nachwelt. Diese schloß nach Rudolfs Tod eine zweite Ehe mit dem oben genannten Hugo, König von Italien, und kehrte 947, als sie zum zweiten Mal Wittwe geworden, vielleicht schon früher, in's Waadtland zurück und entfaltete jetzt als Königin-Mutter und Rathgeberin ihres Sohnes die ganze segensreiche Thätigkeit, von welcher Geschichte und Sage so vieles erzählen.

Ihre wichtigste und urkundlich sichere Stiftung, die nun auch bereits dem Schauplatz unserer Geschichte etwas näher tritt, ist diejenige des Gotteshauses zu Paterniacum oder Peterlingen. Sie begründete an diesem ihr zugehörenden Orte, vielleicht ihrem Wittwensitze, ein Priorat nach der Regel des heil. Benedict, und schenkte demselben von ihren eigenen Gütern, nebst der Stadt Peterlingen selbst, die Kirchen ad Carceres (Kerzers) und Pulliacum (Pully), eine Kapelle zu Pibirsis, (vielleicht Biberen?), und Güter zu Voto, Hitzburg und Vocillinum,[1] Namen, welche wir mit Ausnahme des erstern nicht wiedererkennen, aber wahrscheinlich sämmtlich in der Nachbarschaft zu suchen haben. Die beiden noch vorhandenen Urkunden sind nicht Original; aber die Richtigkeit ihres Inhalts wird bestätigt durch eine dritte, die für uns noch bedeutsamer ist. Einige Tage später schenkte ihr Sohn, der regierende König Konrad, dem Kloster noch weitern Grundbesitz: eine Zelle zu Balm, mit zwei auf dem Felsen dieses Ortes stehenden Wäldchen, einem Buchenwäldchen und einem Eichenwäldchen, den Zehnten dreier Weinberge zu Palm, zu Buch und

---

[1] Wurstemberger Bd. II. pag. 57, Note 37.

zu Gempenach, ferner den Lauf des Baches Bibruna, der vor der Pforte jener Zelle zu Balm vorüberfließt, von Chempiniacum an bis zu seinem Ausfluß in den Murtensee.

Wir erkennen hier uns wohlbekannte Namen: das nur eine Stunde entfernte Ferenbalm, die ehemals vielbesuchte Wallfahrtsstätte mit ihrer in die Felsenhöhle (Balm) hineingebauten Kapelle, welche vor nicht sehr langer Zeit noch sichtbar soll gewesen sein, und an deren Fuß der Biberenbach von Gempenach her sich dahinschlängelt.[1]) Bereits hatte also Kerzers seine Pfarrkirche, andere Dörfer der Gegend ihre Kapellen oder ihre Zellen, und auf den Hügeln zu Gempenach, zu Ferenbalm und zu Buch — vielleicht Vogelbuch bei Ferenbalm — wurde der Weinstock gepflanzt, den ohne Zweifel die edle Königin selbst hier eingeführt hatte.

Auch die Kirche zu Köniz, die Mutterkirche nicht bloß der Stadt Bern, sondern der ganzen Umgegend, der Sitz eines Dekanatsbezirks und ein kirchlicher Mittelpunkt von hervorragender Bedeutung, führt auf Bertha ihren Ursprung zurück. Früher soll in dieser Kirche jedesmal an einem bestimmten Tage des Jahres ausgerufen worden sein: „Wir feiern das Jahresfest des Königs Rudolf und der Königin Bertha!" Wir wissen nicht, sagt ein neuer Kirchengeschichtschreiber der Schweiz [2]), ob diese Stimme Wahrheit gesprochen hat; doch gibt er zu, daß nach vorhandenen Urkunden das Kloster St. Moritz zu Chunicis Besitzungen hatte, und daß somit möglicher Weise die neuburgundischen Könige, als Titularäbte jenes Klosters, auch in diesem abgelegenen Thale ein Gotteshaus errichteten. Auch von der östlichen Seite her fehlt es somit nicht an Zeugnissen für die erfolgreiche, unsere Gegend allmäligem Anbau und christlicher Civilisation entgegenführende

---

[1]) In der Deutung dieser Ortsnamen hat ohne Zweifel Wurstemberger vermöge seiner Ortskenntniß das Richtige getroffen, und nicht Gelpke, in seiner Kirchengeschichte der Schweiz, vergl. pag. 204 des II. Bandes.

[2]) Gelpke Bd. II. pag. 215.

Wirksamkeit des Fürstenhauses. Bekanntlich hat auch unser altes Schloß ein Gemach, welches das Zimmer der Königin Bertha heißt. Die politische Eintheilung des Landes ist nicht mehr genau zu bestimmen, die Grenzen schwanken und die Bezeichnungen wechseln. Die ganze Abdachung der westlichen Berner-Alpen hieß ohne feste Umschreibung der Aufgau, und war ein Theil der bis in den Jura hinein sich erstreckenden Grafschaft Bargen.

Auf Rudolf II. war sein Sohn Conrad gefolgt als König Burgunds; aber den erst 10jährigen Knaben nahm der deutsche Kaiser, Otto I. (940) gewaltsam mit sich fort, wahrscheinlich um denselben dem Einfluß seines Stiefvaters Hugo zu entziehen. Am deutschen Hofe wurde er erzogen, das Land in seinem Namen vom Kaiser als Vormund verwaltet; im Jahre 952 aber heiratete Otto unter fast romantischen Umständen Conrad's Schwester, Bertha's Tochter, Adelheid, die schöne Wittwe des Königs von Italien (dem Sohne Hugo's); jetzt kehrte auch Conrad in sein Land zurück, bereiste dasselbe und wurde allenthalben mit ungemeiner Freude empfangen; die Vorsteher, die Geistlichkeit, der Adel, die ganze Bevölkerung zog ihm aus Städten und Dörfern schaarenweise entgegen; Freudenfeuer loderten auf den Höhen, um das Glück zu bezeugen, welches das Volk über den Wiederbesitz seines eigenen Herrschers empfand. Dieser selbst gab die besten Absichten kund und berieth sich mit den Städtevorstehern über den Zustand des Landes, seine Bedürfnisse und seine Beschwerden. An Klagen fehlte es sicher nicht, war doch Burgund, wie vom Norden her den Zügen schwärmender Ungarn, so von Süden her den eben so verheerenden Einfällen der aus Spanien nach Südfrankreich und Oberitalien vordrängenden Sarazenen ausgesetzt. Wenn wirklich, wie berichtet wird, im Jahr 940 Bertha und ihre Familie ihre Zuflucht in einem Thurme zu Neuenburg suchen mußte, so hat die beutelustige muhamedanische Horde sich bis weit in die Waadt hinein, vielleicht bis in unsere Nähe verbreitet. Ein St. Gallischer Chronist schreibt

Conrad ein großes Verdienst zu, um die Beendigung dieser Völkerplage: er soll Ungarn und Sarazenen listig gegen einander geführt und die einen durch die andern aufgerieben haben. Im Uebrigen heißt er der Friedfertige, und dieser Friede kam wohl allermeist seinem Volke zu gut. Er lebte, wie man aus den Daten seiner Urkunden schließt, meistens zu Lyon, zu Vienne oder zu Lausanne, und starb nach 55jähriger Regierungszeit im Jahr 993.

Es war ein für die Geschichte der Westschweiz verhängnißvoller Tag, als der Nachfolger des eben genannten Königs, Rudolf III., im Februar 1018 auf fluchtartiger Reise, vom Unglück gebeugt, Hülfe suchend, sich nach Mainz begab zu Kaiser Heinrich II, Krone und Szepter von Burgund diesem in die Hände legte und damit selbst den Untergang seines Landes und dessen Einverleibung in das römisch-deutsche Reich anbahnte. Rudolf wird uns als ein Schwächling geschildert, der wenigstens in keiner Weise der aufstrebenden Selbstherrlichkeit seiner Großen sich gewachsen zeigte. Schon in den ersten Jahren seiner Regierung hatte eine Empörung gegen ihn auszubrechen gedroht; im Jahre 1001 war es wirklich zu einem Kampfe gekommen, in welchem der König unterlag und den Rest seiner persönlichen Energie, seiner Macht und seines Ansehens verlor. Im folgenden Jahre war der Sohn seiner Schwester Gisela, als Heinrich II. auf den deutschen Kaiserthron gelangt und auf diesen setzte jetzt der Schwerbedrängte seine Hoffnung. Allein der offene Anschluß an die Deutschen konnte ihm weder bei dem auf seine Rechte eifersüchtigen Adel, noch beim burgundischen Volke größere Beliebtheit verschaffen; seine Stellung, äußerlich durch die Stütze befestigt, mußte in der Wirklichkeit nur unhaltbarer werden. Schon 1016 hatte deßhalb Rudolf dem Kaiser unter der Bedingung seines Schutzes die Erbfolge zugesichert, vielleicht auch nach den Formen der Zeit geradezu sein bisher unabhängiges Reich als kaiserliches Lehen anerkannt. In seinem erbitterten Lande immer weniger sich sicher fühlend, that er zwei Jahre später den entscheidenden, selbstmörderischen Schritt, den wir oben erzählt.

Heinrich folgte ihm mit einem Heere nach Burgund, drang bis an die Rhone vor und hielt das Land diesseits des Jura zwei Jahre lang besetzt. Die Widerspenstigen unterwarfen sich nun ihrem Könige, versprachen Gehorsam und Rudolf regierte ruhig bis zu seinem Tode. Aber vorher noch starb Heinrich selbst (1024); Konrad der Salier trat an seine Stelle, und machte nun als Kaiser, nicht als Anverwandter, seinen Anspruch geltend auf ganz Transjuranien und Arelat.

Eine Reihe der schwersten Verwicklungen folgten, ein Sturm, der seine Wellen bis in unsere Gegend trieb und der vielleicht den ersten Anlaß gab zur Anlegung eines festen Punktes an der Sense, zu Laupen.

II. Laupen als Reichsstadt.

1. Die Gründung von Laupen.

Nicht ohne Widerstreben fügte sich Burgund in sein Schicksal. Odo von Champagne, einer der Erbberechtigten, brach von Frankreich herein. Das Land fiel ihm zu, auch Neuenburg und Murten öffneten ihm ihre Thore; Conrad zog mit einem Heere heran, in den ersten Tagen des Jahres 1033. war er in Basel, dann in Solothurn, am Lichtmeßtage ließ er sich in Päterlingen zum Könige von Burgund feierlich erwählen und krönen. Noch war Murten nicht in seiner Gewalt; er war gezwungen, die Stadt zu belagern. Der von Natur und Kunst sehr feste Platz wurde durch eine Besatzung und die treu zu ihr haltenden Bewohner hartnäckig vertheidigt. Ein ungewöhnlich harter Winterfrost, der noch im Februar eintrat, kam ihrem Muthe zu Hülse. Von der Kälte, welche damals herrschte, wird Fabelhaftes berichtet: die Pferde, heißt es, froren mit ihren Hufeisen an die Erde fest; die Mannschaft litt unsäglich, Haare und Bärte starrten von Eis, daß man Alte und Junge nicht mehr unterscheiden konnte. Ein eigenes

Gedicht beschrieb die Drangsale des lagernden Heeres; — was mochten die Bewohner der umliegenden Landschaft in weitem Kreise erdulden, die, von den ihren Unterhalt raubenden Kriegern geplündert, aus ihren Hütten verdrängt, in die Wälder flüchtend und entblößt, der grausamen Witterung sich schutzlos preisgegeben sahen. Auch am Ufer der Sense mag dieser schreckliche Winter schwer genug empfunden worden sein.

Conrad war zuletzt gezwungen, einer solchen Naturmacht zu weichen; aber im Sommer 1034 kehrte er zurück. Nachdem er sich in Genf noch einmal hatte krönen und huldigen lassen, wurde Murten wieder in Angriff genommen. Das oben erwähnte Heldengedicht erzählt, die deutschen Truppen hätten bereits, am Erfolge verzweifelnd, sich zum Abzug gerüstet, da habe die Besatzung einen Ausfall gemacht, um ihnen nachzusetzen, als ein Hinterhalt die verlassenen Thore erstürmte und der Stadt sich bemächtigte. Zur Strafe für ihre Tapferkeit wurden sämmtlichen Einwohnern von Murten, unsern Nachbarn, Nasen und Ohren abgeschnitten, viele der Angesehenen in die Gefangenschaft geführt und die Mauern der Stadt von Grund aus zerstört.

Burgund war damit völlig unterworfen und gab jeden fernern Widerstand auf. Conrad verstand es, den Haß gegen die Deutschen zu überwinden, den mächtigen Adel einigermaßen zu versöhnen und Frieden und Ruhe herzustellen. Auf einem breitägigen großen Reichstage in Solothurn, im Jahr 1038, ließ er unter dem Beifall der Fürsten und dem Jubel des Volkes seinen Sohn Heinrich — als Kaiser später Heinrich III. oder der Schwarze genannt — zum König ausrufen; der Uebergang von Neuburgund an's deutsche Reich war vollzogen und besiegelt, wenn auch die Vereinigung nach dem Erbrechte, auf welches sie sich stützte, wie nach der Art damaliger Landesverwaltung, vorerst noch den Charakter einer sogenannten Personalunion trug.

Bei einem so lange andauernden Kampf erst zwischen Königsmacht und Fürstenthum, dann zwischen deutschem und burgundischem Wesen konnte das Land im Innern sich kaum gedeihlich gestalten, vermengten sich doch allzuviele Parteiinteressen und Parteileidenschaften, Verwandtschaftsverbindungen und Familienzwistigkeiten mit dem nationalen Widerstreben gegen fremde Einmischung. Auch König Rudolf III. besaß seinen Anhang und hatte ganz besonders versucht, die Geistlichkeit sich günstig zu stimmen. Zum Theil scheint ihm dieß gelungen zu sein. Einer seiner Stiefsöhne saß eine Zeitlang auf dem Bischofsstuhl zu Lausanne und hielt, wie sein Vorgänger und sein Nachfolger zur Sache des Königs. Aus der vornehmen Geburt dieser Kirchenfürsten schließen wir auf das Ansehen, das wenigstens die hohe Geistlichkeit genoß. In der Hand der Kirche lag fast durchaus die Cultur=Mission, und der Geist der Zeit erlaubte ihr, diese Aufgabe zu erfüllen.

Zu Romont war es, dessen Thürme wir am Horizont erblicken, daß bei einer Zusammenkunft der Erzbischöfe von Vienne und Besançon mit dem Bischof von Lausanne der „Gottesfriede" abgeschlossen wurde: In allen Kriegen und Fehden soll unverletzlicher Friede gehalten werden von jedem Mittwoch nach Sonnenuntergang bis Samstags nach Sonnenaufgang, ferner die ganze Adventszeit bis nach dem Dreikönigstag. Was der rohen Sitte gegenüber nicht die eigene richtige Einsicht, was in gesetzloser Zeit nicht die Achtung vor dem Gesetze vermochte, das bewirkte verhältnißmäßig leicht die religiöse Scheu vor dem Kirchengebot. Der wilden Fehdelust gelang es wenigstens einigermaßen Schranken zu setzen. Die Zeit des Abschlusses der «treuga Dei» ist nicht genau bekannt; — sie selbst aber bezeichnet die schwache Ahnung, und damit den verborgen keimenden Anfang einer neuen Zeit.

Kaiser Heinrich III., der eben so umsichtige, als kräftig entschlossene Fürst, wußte als König von Burgund das noch immer widerwillige Gebiet, das er mehrmals persönlich besuchte, nicht bloß äußerlich mit Waffengewalt zu behaupten, sondern auch einer festen innern Ordnung entgegenzuführen; allein nach seinem vorzeitigen Tode, unter der Regierung seines unglücklichen Sohnes, Heinrichs IV., wurde auch Burgund in den weltgeschichtlichen Prinzipienstreit hineingezogen, der von der Mitte des XI. Jahrhunderts hinweg das deutsche Reich mit sammt Italien in zwei feindliche Lager schied, den Kampf der weltlichen Kaisermacht mit der päpstlichen Kirchenherrschaft, mit welch letzterer sich die Souveränetäts-Gelüste der großen deutschen Fürstenhäuser mehrfach verbanden. Durch Burgund reiste Heinreich im Winter 1076—77 nach Canossa zum Papst; der Gegenkönig, der dann wider den Gebannten aufgestellt wurde, Rudolf von Rheinfelden, Herzog von Schwaben, war zugleich der Verwalter Burgunds; vielleicht gerade deßhalb aber hielt sich das burgundische Volk, unter Führung des Bischofs von Lausanne, größtentheils zu Heinrichs IV. Partei.

Von den Ereignissen des langewährenden, aber meist in Deutschland geführten Parteikriegs ist hier nichts zu erzählen. Der eben genannte Bischof aber, Burkhard mit Namen, verdient unsere Aufmerksamkeit um so mehr, als er der nähern Umgegend angehörte. Er entstammte der Burg Oltingen und spielte, als das eigentliche Haupt der westlichen Schweiz, eine höchst bedeutsame Rolle in den Wirren der Zeit. Es wird von ihm berichtet, daß er in einer rechtmäßigen Ehe lebte; und ohne Zweifel hat dieser Umstand dazu beigetragen, ihn zu einem entschiedenen Feinde Gregor's VII. und seiner Tendenzen zu machen. Der päpstliche Bann vermochte weder ihn von der Sache des Kaisers abwendig zu machen, noch seinen Einfluß zu erschüttern. Er folgte Heinrich nach Italien und nach Deutschland, trug seinem Heer das Reichspanner voran und starb, mehr Krieger als Cleriker, zuletzt den Tod auf dem Schlachtfeld (1089).

Gerade in diese Jahre der Unruhe fällt eine Stiftung, welche von einer andern Seite den Anbau des Uechtlandes mächtig förderte. Lütolf von Rümlingen, der Herr der auf dem Längenberg liegenden Burg Rümlingen, hatte keine Kinder; er bestimmte sein großes Vermögen der Kirche. Im Jahr

1063 reiste er in das berühmteste Kloster der Zeit, die Abtei Cluny, und brachte von dort zwei Mönche mit sich, um ein neues Gotteshaus zu stiften. Im „Ufgau" angekommen, wählten diese den Rotgersberg (Mons Richerii), als den passendsten Ort zu dessen Errichtung. Während des Winters hielten sie sich in einer nahen Höhle auf, und begannen dann, von den wenigen Landesbewohnern unterstützt, den Bau des Priorates Rüeggisberg. Auf einem Reichstage zu Worms (1075 oder 1076) ertheilte der Kaiser der großartigen Schenkung Lütolfs seine Bestätigung in einer noch vorhandenen Urkunde und fügte im Verein mit seiner Mutter noch diejenige des Berges Guchan bei, d. h. den Guggisberg, unter dem Beding der Cultivirung dieser Wildniß. Die Klosterbrüder vertheilten das Land gegen Zinsen und Zehntpflicht, und schon 70 Jahre später hatte der Cucansberg seine eigene Kirche. Der ersten Mönche Rüeggisbergs einer soll auch Hildebrand gewesen sein, der spätere Papst Gregor VII, der große, für die Christenheit so verhängnißvolle Begründer des römisch-hierarchischen Systems. Wenn die unsichere Ueberlieferung auf Wahrheit beruht, so hat dieser Mann im Guggisberg jedenfalls mehr Segen gestiftet als in Rom und Canossa.

Uns noch näher liegt die andere zu dieser Zeit begründete Cluniacenserfiliale, das Priorat Münchenwyler. Zwei Brüder, Gerold und Rudolf, vergabten 1081 (am 18. Februar) das ihnen zugehörende Kirchdorf Weiler oder Villars dem Kloster zu Cluny, und ein Prior mit drei Geistlichen bezog die herrlich gelegene, auf den Murtensee herunterschauende Höhe.

Allmälig erscheinen einzelne bewohnte Punkte. Von den nahe an Münchenwyler anstoßenden Besitzungen des Stifts Päterlingen, zu Ferenbalm, zu Burg und Gempenach, haben wir bereits geredet. Auf der rechten Seite der Saane wird jetzt Mühleberg genannt. Der Abt von St. Moritz übergab nach einer Urkunde aus der Zeit Rudolfs III. einer Frau Hildegarde und ihren zwei Söhnen um einen jährlichen Zins von 3 Schilling, nebst einem Gut im Dorfe Köniz (Chunicis), auch die Wüste zu Mühleberg (desertum in Mulinberc) und zu Ponticale.¹) Scheint die Bezeichnung als Wüste auf einen völligen Mangel an Cultur zu deuten, so erlaubt der Name Mühlenberg umgekehrt den Schluß, daß die in den tiefen Schluchten versteckten Wasserwerke — Flühlenmühle und Schnurrenmühle, vielleicht auch Gümmenen — bereits im Gange gewesen, und daß also sicher auch etwas zu mahlen war, von den Getreideäckern der dahinter liegenden Höhen. Wenn wir beim Namen Ponticale an Brüggelbach zu denken haben²), so war auch ganz in unserer Nähe die Waldung gelichtet.

Auf ähnliche Weise wird im Jahr 1027 das Dorf Schwarzenburg erwähnt, welches gleichfalls dem Kloster St. Moritz gehörte. Der jährliche Zins betrug hier 5 Schillinge.³) Die Urkunde, welche uns das sagt, ist zu Pimprinzo ausgestellt worden; ist nach allgemeiner Vermuthung unter diesem Namen das Dorf Bümpliz zu verstehen, so lag hier entweder ein königlicher Pachthof, oder eine nicht unansehnliche Ortschaft.

Die geschichtlich bedeutsamste Stelle aber war zu Oltingen. Am rechten Ufer der Aare, unweit ihrer Vereinigung mit der Saane stand eine Burg, deren letzte Trümmer noch erkennbar sind, auf einem schmalen Felsvorsprung; sie hieß Oltudenges oder Ostudenges, Oltingen; zur Herrschaft Oltingen gehörten Radelfingen, Ostermanigen, Salvisberg, Langerswyl, Oberruntigen, Bargen, Golaten, Wyler (=oltigen), Hassel und Ey. Am Fuße des Burghügels lag, den Uebergang beherrschend, ein kleines Städtchen, das von einem eigenen Schultheißen verwaltet wurde. Daß Burkhard von Oltingen Bischof von Lausanne war, haben wir erwähnt; schon sein Vater, später auch sein Bruder Cuno trugen den Grafentitel und gaben seit Ende der rudolfinischen Zeit dem obern Aargau (rechts der Aare) die Bezeichnung: Grafschaft Oltingen. Graf Cuno war

---

¹) Wurstemberger II. pag. 104 (nach Zeerleber I. S. 24.) Schweiz. Urk. Reg. Nr. 1239.
²)   „   l. c.
³)   „   l. c. (nach Zeerleber I. S. 29.)

zudem noch reich begütert im wifliacenfifchen Gau (Wiften=
lach).

Von Laupen ist noch immer nicht die Rede, und doch
möchte die Vermuthung nicht allzu gewagt sein, daß wenigstens
das Schloß daselbst dieser Periode seine Entstehung verdanke.
Schon die mit Oltingen analoge Stellung am Zusammenfluß
der Sense mit der Saane dürfte vielleicht für ungefähr gleich=
zeitigen Ursprung sprechen. Der Bau selbst, dessen früheste
Theile ganz den architektonisch=formlosen Charakter, z. B. des
Schlosses Habsburg, tragen (1020)[1], läßt, wenn auch keine
bestimmte Zeit nachweisen, doch auf ein sehr hohes Alter
schließen. Der Name kömmt ursprünglich erst im Peginn des
XII. Jahrhunderts vor; dann aber bereits als Sitz eines an=
gesehenen Grafengeschlechts und als Mittelpunkt einer eigenen
Grafschaft. Die Hauptstütze unserer Voraussetzung aber möch=
ten wir im Namen selbst suchen. Mit dem deutschen Laupen,
Lauppen, Lopen und Loppen wechselt lange noch die franzö=
sische Bezeichnung Loyes.[2] Eine etymologische Erklärung wird
für beide wohl umsonst gesucht; oder wenn auch die Ableitung
von „Laub" nicht zu verwerfen wäre, die Lage der Burg am
Ausläufer kräftigen Laubwaldes und das spätere Wappen des
Städtchens für sich anführen könnte, — woher dann der fran=
zösische Name, der schon seit den ersten Jahrzehnten des
XIV. Jahrhunderts völlig verschollen ist? Er ist weder eine
Uebersetzung, noch eine französische Aussprache des deutschen,
scheint vielmehr unabhängig von demselben und älter als
dieser.[3] Französisch=sprechende Bevölkerung hat sicher nie die
Sense überschritten, das Königsgeschlecht und die herrschenden
Familien waren wälschen Stammes nur bis zum Erlöschen
burgundischer Selbständigkeit; von diesem Augenblicke an kam

---

[1] Mittheil. der antiq. Gesellschaft. Zürich, Band XI. Heft 5.
[2] loes, loetz, loez. Vergl. Justinger, pag. 125. Note.
[3] Sollte nicht eher anzunehmen sein, daß das vom deutschen Munde
nur schwer aussprechbare Wort Loyes allmälig Lopen (vielleicht Loipen)
und Laupen wurde.

der dominirende Einfluß in Sitte und Sprache ausschließlich von der deutschen Seite her.

Der früher unbewohnte Grund war burgundisches Krongut. Hat der König selbst den hervorstehenden Hügel durch einen Einschnitt in die Sandsteinfelsen vom Höhenzuge abgetrennt und durch eine Burg befestigt, so müßte dieß wohl schon unter Rudolf II. geschehen sein, zur Zeit als er auf seinem nach Alemannien hinein erweiterten Gebiete festen Fuß gewinnen wollte, um sich dessen faktischen Besitz zu sichern. Wahrscheinlicher indessen möchte die Erbauung der Burg etwas später fallen und der Periode jenes Kampfes zuzuschreiben sein, welcher der burgundische Adel gegen die Uebermacht des andringenden Deutschthums führte. War vielleicht der Erbauer einer jener waadtländischen Großen, die in zähem Widerstande nationale Unabhängigkeit und eigne Standes-Privilegien gegen den angestammten landesverrätherischen König und gegen den fremden läubergierigen Kaiser verfochten? Wollte er hier ein Bollwerk errichten gegen die drohende Germanisirung Burgunds? Bei dieser Annahme dürfte nur die Frage ohne Antwort bleiben, warum alsdann von diesem Punkte nie die Rede sei bei Gelegenheit der Belagerung und Zerstörung von Murten? Wir kommen somit kaum über bloße Vermuthungen hinaus, und sehen hier rückwärts in einen Nebel hinein, den wir nicht zu durchdringen vermögen, und aus welchem die Ortschaft später auf einmal fertig hervortritt.

2. Die Grafen von Laupen.

Unter den Gegnern Heinrichs IV. hatte sich in Süddeutschland das breisgauische Geschlecht der Zähringer eine hervorragende Bedeutung zu verschaffen gewußt. Berthold, dem zweiten dieses Namens, fielen durch Erbschaft die burgundischen Besitzungen des Gegenkönigs Rudolfs von Rheinfelden zu. Im Jahr 1125 starb mit Heinrich V. die Kaiserfamilie der Salier aus, die sich als rechtmäßige Erben der burgundischen Krone betrachtet hatten; zwei Jahre später starb aber auch der letzte der Grafen von Hochburgund durch Mörderhand in der Kirche zu Päterlingen, und Herzog Conrad von Zähringen, Bertholds III. Sohn, war unter den Erbberechtigten dieses Hauses. Der neue Kaiser Lothar wollte seinen etwas zweifelhaften Ansprüchen den andern Prätendenten gegenüber dadurch Nachdruck geben, daß er die Verfechtung derselben dem Zähringer übertrug. Er belehnte denselben (1127) mit dem Herzogthum Burgund zwischen Bernhardsberg und Juragebirge; seinem Sohn und Erben, Herzog Berthold IV. übergab Friedrich der Rothbart sogar ganz Burgund und die Provinz, d. h. also wohl das gesammte Reich Rudolfs von Neuburgund mit Arelat (1152). Allein im Jahre 1156 verehelichte sich der große Hohenstaufe selbst mit Beatrix, der Erbin aller altburgundischen Rechtsansprachen; Berthold sah sich gezwungen, auf alles ihm ohnehin wohl nur dem Namen nach zustehende Land jenseits des Jura zu verzichten, und erhielt dafür als Rector oder Erbreichsstatthalter von Burgund im schweizerischen Theile um so festern Grund.

Das von ihm in dieser Eigenschaft beherrschte Gebiet bestand theils aus den meist von den Grafen von Rheinfelden ererbten Besitzthümern des zähringischen Hauses, theils aus den übrigen Adelsherrschaften und Kirchengütern, als Lehen des Kaisers, und endlich aus den königlich burgundischen, nunmehr kaiserlichen oder unmittelbaren Reichslanden. Zu diesen letztern Territorien gehörte vorzüglich die von uns betrachtete Gegend zwischen der Sense und der Aare.

Auch Schloß und Städtchen Laupen waren auf Reichsland erbaut. Im Jahr 1130 kommt zum ersten Male der Name urkundlich vor: Graf Lütpold von Laupen und dessen Sohn Rudolf werden in einem das Kloster Trub betreffenden Schirmbriefe als Zeugen genannt.[1]) Ihre Herkunft kennt man nicht; sie werden aber auch als Herren von Sternenberg aufgeführt, der längst verschwundenen, ehemals im Forst bei Neuenegg gelegenen Burg, die späterhin dem Landgericht

---

[1]) Wurstemberger II. pag. 895 (nach Zeerleber I. 69).

ben Namen gab. Wir möchten hierauf die Vermuthung gründen, es habe das hier auf seinem Eigengute sitzende Haus beim Beginn der zähringischen Herrschaft die frühere Grafschaft Bargen zu Lehen empfangen.

Es reichte die Grafschaft Laupen von der westlichen Seite des Thunersees längs der Aare und weiterhin dem Siggernbach, bis in die Thäler des Jura hinein; und vom untern Ende des Neuenburgersees wieder bis zum Nordabhang der Stockhornkette. Im Westen grenzte sie an das Stadtgebiet von Murten und die Grafschaft Ogo oder Greyerz, im Osten an Klein-Burgund oder die Landgrafschaft an der Aare, an deren Spitze die Grafenfamilie der Buchecf stand.

Der Graf hatte vielfach abgestufte Befugnisse in dem ihm unterstellten Gebiete; Herr auf seinem Eigenland, war er Beamter des Kaisers den andern Grundherrn gegenüber und übte, wie den Heerbann, so insbesondere die hohen Gerichte aus. Das Reichsland, so auch Laupen selbst, stand nicht unter seiner Verwaltung. Auf unbekannte Weise, durch Erbschaft vielleicht, ging die Grafschaft bald an ein anderes Haus. Schon vom Jahr 1192 hinweg sind die von Oltingen abstammenden Herren von Neuenburg Grafen des Landes. War wirklich Bertha, des Grafen Ulrich II. von Neuenburg Gemahlin, eine Laupen'sche Erbtochter, wie man als möglich angenommen hat, so ist dieser Uebergang genügend erklärt. Das letzte urkundlich vorkommende Glied des Geschlechts ist eine 1282 verstorbene Gräfin Anna von Laupen, von welcher aber nichts weiter bekannt ist. Auch von den Andern wissen wir nur äußerst wenig.

Berchtold IV. von Zähringen war ein treuer Vasall seines Kaisers, des gewaltigen Rothbarts. Mit 500 geharnischten Reitern und 50 Armbrustschützen, die er nach Vertrag zu stellen hatte, folgte er ihm nach Italien in dessen wiederholten Feldzügen gegen die lombardischen Städte, half ihm Tortona zerstören (1155), Mailand erobern (1158), Crema verwüsten (1160), und stand neben ihm als er zu Rom die Kaiserkrone (1155), zu Monza die eiserne Krone der Lombardei empfing

(1158); nahm aber auch Theil an dem Mißgeschick des spätern Zugs nach Rom und seinem jämmerlichen Ausgang, als Friedrich in Verkleidung über den Mont-Cenis sich flüchten mußte (1167).

Da auf einer Reichsversammlung zu Basel (1133), bei Ausstellung einer Urkunde zu Gunsten des neugestifteten Klosters Interlaken auch die Grafen Udolhard und Hupold von Laupen als Zeugen erscheinen [1]), und ebenso 1175 (oder 1177) in einem Schenkungsbrief an das Priorat Rüeggisberg die Grafen Hupold und Ulrich von Laupen aufgezählt werden [2]), so wird der Schluß berechtigt sein, daß die Grafen zu Laupen zu den vornehmsten Begleitern des Herzogs gehörten, und daß wohl auch ihre Mannschaft aus dem Ufgau an den wechselnden Kriegsereignissen des weltgeschichtlichen Kampfes zwischen Ghibellinen und Guelfen ihren Antheil hatte. Mancher Jüngling unserer Gegend mag damals vor den Mauern der freiheitslustigen Städte Italiens begraben worden sein.

Der Rothbart selbst kam wiederholt in die Schweiz, am 20. Februar 1173 war er in Lenzburg, am 4. März des gleichen Jahres in Basel, im Herbst 1174 zog er mit einem großen Heere über den Rhein und längs des Jura, wahrscheinlich über Murten nach Savoyen hinauf, und schwerlich fehlte Berchtold mit seinem Gefolge, als er 1178 in der alten Hauptstadt Arles sich und seiner Gemahlin Beatrix die burgundische Krone aufsetzen ließ. Ungewiß dagegen ist, ob wirklich Berchtold V. den großen Kreuzzug nach dem heiligen Lande mitmachte, in welchem Barbarossa seinen Tod und beinah sein ganzes Heer den Untergang gefunden hat.

Weniger weit in ferne Länder, als durch die Theilnahme an diesen unglücklichen Unternehmungen, aber viel weiter in ferne Zeiten hinaus wirkten die zähringischen Herzoge durch ihre friedlichen Städtegründungen. Die Ummauerung be-

---

[1]) Wurstemberger II. 395 (nach Zeerleder I. 78.
[2]) „ l. c. (nach Zeerleder I. 107. Soloth Wochenblatt 1827, pag. 154.

festigter Plätze und die Ausstattung derselben mit mancherlei ihre Bewohner begünstigenden Freiheitsrechten, das war ein Mittel kluger Politik, das sie, wie bereits im Breisgau, so nun ganz vorzüglich in der westlichen Schweiz in Anwendung brachten. Den großen Adelsgeschlechtern, die von der Lehensträgerschaft zur erblichen Beherrschung und von der Erblichkeit zur Unabhängigkeit sich empor arbeiteten, und durch Verwandtschaftsverhältnisse immer umfangreichere Gebiete in einer Hand vereinigten, die nur ungern die Rektoren zwischen sich und den Kaiser sich hineindrängen sahen und zudem im wälschen Burgund nur widerwillig sich der der deutschen Ordnung fügten — diesen galt es in den Stadtbürgern, als einem neuen Elemente des Volksorganismus eine wirksame Opposition entgegenzustellen.

Schon vor dem Jahre 1177 hatte Berchtold IV. auf einem schroffen, von der Saane halb umflossenen Felsplateau das zu den Allobien seines Hauses gehörte, die Stadt Freiburg begründet. Iferten, Milden, Murten, Burgdorf schreiben ihm ihre Entstehung oder doch den Ursprung ihrer städtischen Freiheitsbriefe zu. Sein Sohn war auch der Erbe seines Gedankens und folgte ihm mit der folgenreichsten Stiftung nach, derjenigen von Bern (1191). Es ist nicht unmöglich, daß zu gleicher Zeit auch in der Mitte zwischen Bern und Freiburg die an den Fuß des Burghügels zu Laupen allmälig sich anlehnenden, gleichsam Schutz suchenden Häuser mit einer Ringmauer umgeben und mit dem Schloß verbunden worden sind.

Jedenfalls hatte der Herzog Veranlassung, den Werth solcher fester, an sein Interesse geknüpfter Punkte zu schätzen. Im Jahr 1190 und 91 stand ganz Burgund, die waadtländischen Großen an der Spitze, im Aufruhr gegen ihn. Von Burgdorf aus rückte das zähringische Heer, durch Hülfsvölker aus dem Aargau und Zürichgau verstärkt, nach Aarberg, wo die einzige Brücke über die Aare bestand, an Wiflisburg vorüber und gegen Päterlingen. Dort kam es zur Schlacht, die Empörer wurden in die Flucht getrieben, viel gefangen, die Schuldigsten hingerichtet oder in die Kerker des Schlosses zu Burgdorf gebracht. Von da soll Berchtold nach dem Oberland gezogen sein, das sich dem Aufstand gegen den unbequemen Reichsverweser angeschlossen hatte. Im Thal von Grindelwald (April 12. 1191) zwang er seine Feinde zur völligen Unterwerfung. Ob die Grafen von Laupen mitbetheiligt waren und auf welcher Seite sie standen, davon sagt uns keine Kunde. Gleichzeitig hatte der Herzog auch mit den Wallisern und mit Savoyen Krieg zu führen, gegen beide ohne Glück, indem die erstern seine wiederholten, zum Theil nur sagenhaft bekannten Einfälle über die Berner Alpenpässe siegreich zurückschlugen, der Graf von Savoyen aber bei Chillon sein Heer besiegt haben soll und seine Macht bis über Milden ausdehnte. Erst 1212 wurde der Friede geschlossen.

Der eben so mächtige als klug berechnende Zähringer, der einst die ihm angebotene Kaiserkrone um Geld verkaufte und im Interesse seiner burgundischen Hauspolitik bald zu den Welfen, bald zu der hohenstaufischen Partei sich hielt, jedenfalls mit der Geistlichkeit und insbesondere mit dem Bischof von Lausanne stets in üblem Einvernehmen lebte, starb 1218, als der letzte seines Stammes. Seine beiden jungen Söhne waren ihm vorangegangen, und das plötzliche Erlöschen dieser Herrscherfamilie war in seinen Folgen wichtig genug, um es bewußter Absicht zuzuschreiben, ein grauenvolles Verbrechen zu ahnen.

3. Savoyen und Kyburg.

In dem Augenblicke, als das zähringische Haus im Begriffe stand, die ganze westliche und mittlere Schweiz zu einem erblichen Fürstenthum sich zu gestalten, hat ein dunkles Verhängniß die blühende Familie zum plötzlichen Aussterben gebracht. Das heilsame Werk der Vorsehung, die Begründung freier zukunftsreicher Bürgerschaften hatte Perchtold V. eben noch zur Ausführung gebracht; das unheildrohende Werk seines

Familienegoismus vermochte er nicht zu vollenden. Zunächst hinterließ er ein Chaos, in welchem zuerst zwei wichtige Dynastenhäuser den alten Antagonismus burgundischen und alemannischen Wesens wiederholten und fortsetzten, dann aber bald die Städte immer deutlicher als ein neues mitbestimmendes Element auftauchten und als Cristallisationspunkte einer neuen Culturperiode sich zu offenbaren begannen.

Die zwischen das Land und das Oberhaupt des deutschen Reiches sich hineindrängende Mittelmacht war wieder verschwunden; mit dem Tode des letzten Rectors von Burgund fiel das frühere Reichsland unmittelbar an die Krone zurück, so das bereits erstarkte Bern, so Murten und Päterlingen, so das ganze Gelände zwischen Aare und Sense: Grasburg, Gümminen und Laupen. Der geistreiche und hochsinnige Friedrich II. von Hohenstaufen saß auf dem Throne, und Bern hielt treulich zu ihm, auch dann, als Innozenz IV. (1243) über ihn den Bann aussprach. Ein Procurator führte in des Kaisers Namen die Verwaltung Burgunds.

Der Hausbesitz der zähringischen Familie dagegen vererbte sich, soweit es das Land diesseits des Rheines betrifft, in das Geschlecht der Grafen von Kyburg, das aus dem Zürichgau stammend, in unserer Geschichte auf zwei Jahrhunderte hinaus in den Vordergrund tritt. Zu diesen nunmehr kyburgischen Besitzungen gehört neben der Herrschaft Oltingen auch die westliche Nachbarstadt Freiburg. Das Grafenhaus hielt zur päpstlichen Partei, und trefflich wußte Graf Hartmann, der jüngere, des Reiches Ohnmacht sich zu Nutze zu machen, um theils eigenmächtig sich des Reichsgebiets zu bemächtigen, theils sich vom Gegenkönig durch dessen Abtretung belohnen zu lassen. So riß er die Vogtei des Klosters Rüeggisberg an sich, so besetzte er die Grasburg, die in unbekannter Zeit, wildromantisch über der Sense erbaute, das Guggisberg beherrschende Feste; so nahm er nun auch als angeblicher Erbe des ausgestorbenen Grafengeschlechts Besitz von Stadt und Schloß zu Laupen. Weder der Reichsvogt des letztern, noch die Bewohner der erstern hatten Muth oder Macht, dem gewaltsamen Handstreich gegenüber sich auf ihre Rechte zu berufen. Ebenso befand sich Murten in Noth und klagte ohne den Dränger zu nennen: „Wie böse Anschläge, List und Bosheit schlechter Menschen das Land unsicher machen; und wie die Stadt, schwer bedrängt durch Angriffe ihrer Widersacher, welchen sie nicht zu widerstehen vermöge, keine Hülfe von ihrem Herrn, dem Könige, erhalten könne, wiewohl sie öfters darum angehalten habe.[1]) Wer sollte helfen? Auf den tragischen Sturz der letzten Hohenstaufen folgte das Interregnum, die Zeit, da kein König war im Lande, da jeder that, was ihm wohlgefiel, und mancher dulden mußte, was ihm nicht wohl gefiel. Die von einzelnen Parteien zeitweise aufgestellten Titelkönige vermochten nichts, als die Verwirrung noch größer, noch unheilbarer zu machen.

Zwar versprach König Wilhelm von Holland (3. November 1255) den Bürgern von Murten: weder ihre Stadt selbst, noch Grasburg und Laupen (lopun) vom Reiche zu veräußern, und ohne ihre Zustimmung mit dem Grafen von Kyburg keinen Frieden zu schließen.[2]) War damit auch die rechtliche Anerkennung der von Kyburg angemaßten Gewalt ausgeschlossen, so konnten solche Worte doch keinerlei Sicherheit geben; Graf Hartmann handelte, wie andere Dynasten auch: was dem Reiche angehörte, wurde als herrenloses Gut angesehen, jeder nahm, was er vermochte; was Einer nicht nahm, das nahm ein Anderer mit gleich viel oder gleich wenig Recht. Was hatten die zerstreuten Reichsortschaften für einen Schutz? Von Rechteswegen war es einzig der König, der dieselben schützen konnte und sollte; was aber war von König Wilhelm zu erwarten? Er pflegte das Reichsgut zu gebrauchen, um sich Anhänger unter den Großen und Herren zu kaufen, während die größeren Herren, sofern sie sich die Mühe gaben, sich um ihn zu bekümmern, ihn als ihr Geschöpf ansahen und

---

[1]) Von Wattenwyl, Bd. I. p. 70, nach Kopp und Zeerleder.
[2]) Von Wattenwyl Bd. I. p. 77, nach Zeerleder.

nicht als ihren Herrn. In fernen Gegenden verfolgte König Wilhelm seine eigenen Interessen, während er das Reich seinem Schicksal überließ.[1])

Auch Bern sah sich ernstlich bedroht von dem gewaltthätigen Grafen am andern Ufer der Aare, und fand sich gezwungen, bei Peter von Savoyen Schutz zu suchen, durch freiwilligen Verzicht auf ihre Unabhängigkeit ihr Dasein sicher zu stellen.

Während dem das deutsche Reich wehrlos und ohne Haupt bestand, war im südwestlichen Winkel desselben ein Mann auf den Schauplatz getreten, der wie Wenige zu den gebornen Herrschern gehörte. Der nachgeborne und zum Kirchendienst bestimmte Sohn des Grafen von Savoyen wußte nicht allein sich einen Theil des väterlichen Erbes zu verschaffen, sondern vom Jahr 1239 an sich in Kurzem zum Herrn des ganzen Waadtlandes zu machen, indem successiv die sämmtlichen Barone des Landes ihm ihre Gebiete abtreten mußten, um sie von ihm als Lehen wieder zu empfangen. 1254 brachte er auf diese Weise auch die Herrschaft der freiburgischen Montenach, zu der auch Belp gehörte, 1255 das Saanenland in seine Gewalt. Im nämlichen Jahre unterwarf sich ihm Bern, zugleich mit Murten und der Landschaft Hasle. 1259 ließ er sich Gümmenen abtreten, von dem er ohne Zweifel schon zuvor Besitz ergriffen hatte. Der König Richard von Cornwallis erklärte: In Erwägung der Verdienste des edlen Mannes Peter von Savoyen geben und schenken wir aus königlicher Machtvollkommenheit den Ort zwischen unsern Städten Murten und Bern am Wasser Seroye, welcher Contamina heißt und dem Reiche angehört.[2]) Dadurch war ihm die Thür zu Weiterem geöffnet, bald hatte er auch im Oberlande festen Fuß gefaßt, das ganze Kanderthal, wahrscheinlich auch das Sibenthal wurde durch Verpflichtungen der Freiherren von Strättlingen, von Kien und von Weißenburg an ihn gebunden.

---

[1]) Nach von Wattenwyl.
[2]) Vergl. v. Wattenwyl pag. 81. Zeerl. 1., 526.

So war nun die Grenze savoyischer Macht bis an die Aare vorgerückt, während umgekehrt Freiburg als vereinzelt vorgeschobener Posten des kyburgischen Hauses in die Westschweiz hineinragte; von den festen Punkten an der Senselinie waren Oltingen, Grasburg und Laupen ebenfalls in kyburgischer Gewalt; Gümmenen dagegen, den Murten mit Bern verbindenden wichtigen Paß hatten Peters Krieger in Besitz.

Die Lage der kleinen Stadt mochte kaum eine sehr behagliche sein mitten zwischen diesen zwei gleichsam zu natürlicher Feindschaft prädestinirten, in mißtrauischer Eifersucht sich beobachtenden Gegner, deren wunderlich verwechselter Standpunkt — Savoy im Osten, Kyburg im Westen — unverkennbar den bloß provisorischen Zustand verrieth. Die Bürger wagten es nicht ihr Reichsrecht geltend zu machen, und mußten wohl, gleich Bern und Murten, sich damit zufrieden geben, in gesetzloser Zeit den Schirm eines mächtigen Herrn zu genießen. Der vom Grafen von Kyburg auf das Schloß gesetzte Vogt gewährte ihnen Frieden und äußere Ordnung, bis die Macht des edlen Hauses in eine noch stärkere Hand überging.

4. Savoyen und Habsburg.

Der plötzliche Tod des Grafen Hartmann des jüngern von Kyburg (3. September 1263) rief den Mann auf den Plan, der berufen war, der traurigen Zeit des Zwischenreiches ein Ende zu machen, dem drohenden Uebergewicht Savoyens in der Schweiz Schranken zu setzen, und überhaupt dem deutschen Namen in Europa wieder Achtung zu verschaffen. Peter von Savoyen hatte unverzüglich an den König Richard sich gewendet und von diesem die Belehnung ausgewirkt mit den Burgen, Städten, Ortschaften, Ländereien und Lehen, welche Hartmann vom Reich in Besitz gehabt hatte. Unter diesen nicht mit Namen genannten Lehen stehen Grasburg und Laupen voran. Allein noch war das Erbe nicht verfallen, indem Graf Hartmanns Wittwe ihrer Niederkunft entgegensah, die Zeit der Erwartung wurde von des Verstorbenen Schwestersohn,

Rudolf von Habsburg, schlau benützt, um dem Savoyer noch zuvorzukommen.

Mit der Stadt Freiburg, deren Stellung durch den Fall von Grasburg und Laupen unhaltbar geworden wäre, schloß Rudolf einen Vertrag ab, (16. Januar 1264) und ließ sich als Schirmherrn und eventuellen Erben Kyburgs anerkennen. Freiburg erklärte: „Ferner ist zwischen uns und dem genannten Schirmherrn vereinbart worden, für den Fall, daß die Burgen Grasburg und Laupen an den Grafen von Habsburg gelangen und dieser sie an sich nimmt — was in zwei Fällen geschehen kann und geschehen soll, entweder wenn das nachgeborne Kind ein Mädchen wäre, oder wenn es ein Knabe wäre, und vor erreichter Mehrjährigkeit stürbe. Der Schirmherr soll den Freiburgern mit den genannten Burgen mit Rath und That beistehen, und die Burgen sollen in keiner Weise den Freiburgern feindlich entgegenstehen, doch so, daß sie die Burgen aufgeben dürfen. Die Burgvögte, welche von dem Grafen mit der Burghut betraut sind, sollen diesen Vertrag eidlich beschwören und nicht abgelöst werden, bis ihre Nachfolger ein gleiches gethan haben. Dagegen verpflichten sich auch die Freiburger, wenn eine der Burgen angegriffen würde, derselben mit Rath und That beizustehen. Der Schirmherr soll die Burgen ohne der Freiburger Zustimmung nicht veräußern und aus den Händen geben. Wenn aber in dem wegen der Burgen angehobenen Kriege der Schirmherr oder die Freiburger unterliegen, oder durch ein Urtheil, welchem nicht zuwider gehandelt werden könnte, jener die Burgen verlöre oder aufgäbe, so fallen die Verbindlichkeiten, welche sich auf dieselben beziehen, dahin." [1]

Graf Rudolf war demnach entschlossen, die beiden ihm zur Behauptung Freiburgs gegen Savoyen unentbehrlichen Festen nicht herauszugeben, erst auf sein etwas zweifelhaftes Recht, dann, wenn Noth, auf seinen faktischen Besitz sich zu stützen und es mit Peter zum Kriege kommen zu lassen.

---

[1] von Wattenwyl. Bd. I., pag. 88 nach Zeerleder.

So kam es wirklich. Das von der Gräfin von Kyburg geborne Knäblein starb bald nach der Geburt, und Laupen wurde nebst Grasburg die Veranlassung zu Erneuerung des alten Kampfes, der schon seit Jahrhunderten dieses Grenzgebiet durchtobt. Savoyen und Habsburg — die Vertreter romanischer und deutscher Nationalität — wie zwei „schwingende" Hirten standen sie hart an einander gedrängt über der Sense, jeder des andern Schwachheiten erspähend, stets zur Abwehr gerüstet, zum Angriff bereit, mit zäher Ungeduld den Augenblick erwartend, bald den Gegner einige Schritte weit hinüberstoßend, bald selbst zum Weichen gezwungen.

Im Oktober 1265 stand Rudolf von Habsburg mit seiner Heeresmacht in Freiburg, im Herbst des nächsten Jahres hatte umgekehrt Graf Peter die Burg Bremgarten besetzt. Anfangs 1267 war der erstere wieder mit vieler Ritterschaft in Thun, während Savoyen sich zum Angriff gegen Freiburg rüstete. Im Löwenberg bei Murten wurde endlich am 8. September 1267 der Friede zwischen beiden Partheien geschlossen.

Bern hatte auf savoyischer Seite mitgekämpft und benützte die Gelegenheit, sich die Freiheit wieder zu erwerben. An die Stelle der Unterwerfungsakte trat ein Freundschaftsvertrag mit Savoyen. Laupen, dessen Schicksal während des Krieges unbekannt ist, blieb auch nach dem Frieden in habsburgischer Gewalt. Ulrich von Maggenberg war in den Jahren 1269 und 1270 Rudolfs Burgvogt zu Laupen und zu Grasburg; ihm folgten später Richard von Corbières und Rudolf von Wippingen, welche nach einer Urkunde von 1273 die Herrschaft hatten zwischen den Flüssen und bei Grasburg.[1]) Ohne Zweifel mit bewußter Absicht wurden mit dem wichtigen Posten Männer aus dem freiburgischen Adel betraut, um das Interesse beider Städte an einander zu ketten und die unzusammenhängenden Besitzungen nach Möglichkeit unter sich zu verbinden. Zu Gümmenen saß fortwährend ein savoyischer Vogt, 1270 hieß derselbe Peter von Cotens.[2])

---

[1]) von Wattenwyl. I. Bb., pag. 111 nach Zeerleder.
[2]) ibidem.   I.   „   „   111   „   „   und Kopp.

Verfolgten die eifersüchtigen Dynasten die Zwecke ihrer Machtvergrößerung, so fingen die Städte an zu erkennen, daß ihr Vortheil damit keineswegs zusammenfiel. Schmerzlich fühlten es Freiburg und Bern, daß die Feindschaft ihrer Schirmherrschaften auch ihre friedlichen auf freundlichen Verkehr gewiesenen Bürger von einander scheide. In der Kirche zu Neuenegg schlossen die Schultheißen Cuno von Bubenberg von Bern und Conrad von Vivers von Freiburg im Namen ihrer Räthe eine Uebereinkunft, durch welche versucht wurde, die schlimmsten Folgen dieses politischen Nothstandes abzuwehren.

Graf Peter von Savoyen, der das Maß der Gewöhnlichkeit weit überragende Mann, der durch Reichthum[1]) wie durch Geist und Charakter begünstigt, höchst bedeutungsvoll in die bernische Geschichte eingegriffen hat[2]), war im Mai 1268 gestorben, ohne einen ihm ähnlichen Nachfolger zu hinterlassen. Nicht lange hernach aber stieg sein glücklicher Gegner auf den deutschen Königsthron (29. September 1273). Der Landgraf von Elsaß, Sundgau, Thurgau und Aargau, der Erbe der kyburgischen Hausmacht, war jetzt auch Herr über die reichsunmittelbaren Gebiete. Lag darin einerseits eine sehr bedenkliche Gefahr für die sich bisher schon der Kyburger kaum erwehrenden Städte, so wurden sie andererseits auch einer argen Verlegenheit ledig. Bern löste seine Verpflichtungen mit Savoyen, da wieder ein König im Lande war, übergab sich Rudolf's Schutz durch eine Gesandtschaft nach Basel und erhielt von ihm Bestätigung seiner Freiheit und seines städtischen Rechts (1274).

Auch Laupen fiel mit der Erhebung seines bisherigen Herrn von selbst an's Reich zurück. Zu Baden im Aargau, wohin ohne Zweifel eine Abordnung dem neuen Könige entgegenreiste, stellte derselbe am 11. Juli 1275 die Anerkennungsurkunde aus, die zugleich den Bürgern der Stadt die

---

[1]) Peter war durch Verwandtschaft vorzüglich in England begütert, wo er nach einer Angabe von v. Wattenwyl (Bd. I., pag. 100) 329 Rittergüter und 2 Grafschaften besessen haben soll.

[2]) Vergl. Wurstemberger: Peter von Savoyen.

Privilegien von Bern bewilligte. Nach dem üblichen Eingang erklärt des römischen Königs Majestät: „in Betrachtung der ergebenen Dienste, mit welchen die Bürger unserer Stadt Laupen uns stets zu dienen beflissen gewesen sind, thun wir denselben die königliche Gnade, daß dieselben aller Rechte und Freiheiten, wie unsere Bürger von Bern sich erfreuen sollen, und bestätigen ihnen nicht weniger alle guten und rechtschaffenen Gewohnheiten, die sie bisher gehabt haben." Das wohlerhaltene Original dieses Freiheitsbriefes liegt im Archiv der Gemeinde Laupen[1]); leider ist das sehr schöne Sigel abgerissen worden und verloren gegangen.[2])

Diese Begünstigung des Städtchens an der Sense hat man nicht selten einer gegen Bern feindseligen Absicht des Kaisers zugeschrieben. Der Habsburger hatte keine besondere Ursache, der eben erst aus savoyischer Gewalt zum Reich zurückgekehrten und savoyischer Sympathien immer noch verdächtigen Stadt ein vorzugsweises Wohlwollen zuzuwenden, doch nöthigt uns auch nichts dazu, eine Abneigung vorauszusetzen, zu welcher das Verhalten der Bürger von Bern erst später Veranlassung gab. Dagegen mußte Rudolf viel daran liegen, eine Ortschaft zugleich zu heben und an sich zu fesseln, welche zur Verbindung Freiburgs mit dem habsburgischen Besitzgebiete so wesentlich war. Laupen erscheint übrigens in der Urkunde als ein oppidum, d. h. als eine mit Mauern umgebene Stadt, und kaum mochte der von Baden heimgebrachte Freiheitsbrief viel

---

[1]) Der Text scheint nicht ganz mit demjenigen übereinzustimmen, welchen von Wattenwyl, Bd. I., pag. 129 nach Sol. Woch. und Zeerleder citirt.

[2]) In einer Abschrift und Uebersetzung der Urkunde aus dem Jahre 1787 wird dasselbe folgender Maßen beschrieben: Das lateinische Original ist mit des Kaysers Rudolf großen Insigel von gemeinem weißem Wachß, So daran hanget, wohl versehen, auf welchem Wachß die Person des Kaysers Rudolffs gedruckt ist, Sitzend uff sinem Thron uff dem Haupt eine Kron, in seiner rechten Hand das königliche Szepter in Form eines Fischgehrens und in der linken die Welt Kugel, darauff ein Kreutz, haltend. Rings um dieses Insigel herum steht die Einschrifft Rudolf Von Gottes Gnaden . . Allzeit Mehrer deß Reichß.

Aenderung bringen in einen bereits bestehenden Zustand. Statt der kyburgischen Burgvogts erhielt das Schloß einen direkt von König gesetzten. Ulrich von Maggenberg versah neuerdings dieses Amt: dann wurde es Ulrich von Venringen übertragen, als jener Schultheiß zu Freiburg geworden.

Freiburg gehörte dem Grafen Eberhard von Habsburg-Kyburg an, Rudolf's nahem Verwandten; aber das genügte ihm nicht; er fürchtete die isolirte Stadt möchte doch zuletzt den eifrigen Werbungen der westlichen Macht erliegen, und brachte es endlich dahin, daß ihm dieselbe käuflich abgetreten wurde. Er bezahlte dafür 3040 Mark Silber. „Der Graf von Savoyen, bemerkt der elsäßische Erzähler des Handels, hätte wohl 9000 Mark Silber gegeben, wenn König Rudolf dem Grafen Eberhard zugegeben hätte, die Stadt Jenem verkaufen zu dürfen."

Noch waren Peterlingen, Murten und Gümminen in savoyischer Gewalt, auch die Herrschaft Oltingen war durch Heirath in die nämliche Hand gefallen; die erstern Orte sprach der König als zum Reich gehörend an; Unterhandlungen blieben ohne Erfolg, erst 1284 eröffnete er wieder einen Feldzug gegen Savoyen; fast 7 Monate (4. Juni bis 27. Dezember) hielt das kleine Peterlingen die Belagerung aus gegen das von Rudolf selbst befehligte Reichsheer. Als es aus Mangel an Lebensmitteln sich zuletzt ergeben mußte, wurden mit ihm auch die beiden andern Orte dem Reiche wieder überlassen.

Rudolf blieb noch mehrere Wochen nach der Belagerung in Freiburg, suchte durch Gunstbezeugungen einflußreiche Berner und Freiburger für sich zu gewinnen, auch in der Waadt und in Burgund alle Gegner der savoyischen Annexionslust in sein Interesse zu ziehen, und schritt sogar aus politischen Gründen zu einer zweiten Ehe mit der Schwester des burgundischen Herzogs. Es gelang ihm nicht, die Widerstrebenden dauernd an sich zu fesseln und eine zuverläßige Parthei zu organisiren; die Abneigung gegen deutsches Wesen vereinigte bald die burgundischen Großen neuerdings gegen ihn, der Graf Amadeus von Savoyen, sein Bruder Ludwig, Herr der Waadt und der Graf von Hochburgund standen an der Spitze eines geheimen Bundes „gegen Jedermann, besonders gegen die Deutschen."

In Bern regte sich eine dem begegnende Stimmung unter den Bürgern; die ererbten Sympathien für Savoyen wurden durch gräfliches Geld wieder in Erinnerung gebracht, während die drückenden Steuerforderungen des deutschen Königs vielen Unwillen erzeugten. Als in Deutschland selbst sich Widerspruch gegen Rudolf erhob, und mehrere Städte im Elsaß die Steuern versagten, verweigerte auch Bern den Gehorsam. Es erfolgte die zweimalige vergebliche Belagerung der trotzigen Stadt (25. Mai bis 20. Juni 1288 und 10. August bis Mitte Septembers gleichen Jahres), und das unglückliche Gefecht in der Schoßhalde im Frühling 1289, welches Bern zur Unterwerfung zwang.

Laupen diente dem König als Stützpunkt; hier ließ er während seines Zugs nach Mömpelgard und Pruntrut (Juni bis August 1288) seinen Sohn, den Herzog Rudolf, mit einem Theile des Heeres zur Beobachtung zurück. Schloß und Städtchen, sammt den umliegenden Dörfern waren ohne Zweifel den ganzen ereignißreichen Sommer hindurch mit Kriegern gefüllt; hier stießen auch die Freiburger zu ihnen, erst die Gesandten, als sie Vermittlung versuchten, dann die Bewaffneten, als sie Theil zu nehmen kamen an der zweiten Belagerung Berns. Der vielgenannte Ulrich von Maggenberg erhielt zum Lohn für von ihm geleisteten Dienste und „für seine aufrichtige Treue" die erbliche Burgvogtei zu Gümmenen und des Königs steinernes Haus auf der Burg, mit 200 Mark Silber, welche auf die dortige Fähre angewiesen wurden.

Nachdem so der große Habsburger die gefährdete Autorität des Reichs wenigstens im deutschen Theile von Burgund hergestellt, kam er im April 1291 noch einmal nach Murten, um seine Anhänger zu sammeln gegen den Grafen von Savoyen, „den Ungehorsamen des Reichs und den Verächter der königlichen Befehle." Er blieb da bis in den Mai und trat von hier aus seinen Todesritt nach Speyer an.

5. Freiburg und Bern.

Der Tod des kräftigen Reichsoberhauptes entfesselte den Widerstand der verschiedenen Elemente der Opposition: die vor solcher Machtconzentration erschreckenden Churfürsten und die um ihre Unabhängigkeit bangenden Bewohner der Alpenthäler; in der Westschweiz kam noch dazu das nie ganz unterdrückte altburgundische Nationalgefühl, das an den Herrschgelüsten der savoyischen Grafen einen willkommenen Halt gewonnen hatte.

Der Ausdruck dieses letztern war die Uebereinkunft zwischen dem Grafen Amadeus von Savoyen und seinem Bruder Ludwig, dem Herrn der Waadt, zur Wiedereroberung der ihnen entrissenen festen Plätze. Am 9. August 1291 wurde Peterlingen, wahrscheinlich ohne Blutvergießen, am 14. gleichen Monats Murten nach kurzer Berennung wieder besetzt; bereits hatte auch Bern sein Bündniß mit dem ehemaligen Schirmherrn wieder aufgerichtet (9. August in Peterlingen). Selbst das durch habsburgisches Blut erneuerte kyburgische Grafengeschlecht mochte sich verletzt, zur Eifersucht geneigt oder selbst bedrängt fühlen neben dem zu so drohender Höhe aufsteigenden Zweige ihrer Verwandtschaft. Für den minderjährigen Grafen Hartmann von Kyburg trat dessen Oheim, der Bischof von Constanz, der savoyischen Coalition bei; zu Kerzers schloß er den 17. September einen Vertrag mit Amadeus ab, der das Versprechen enthielt: „In eigenen Kosten ihm beizustehen und zu helfen, mit Rath und That, gegen Alle, und insbesondere zur Wiedererlangung der Burgen Laupen und Gümmenen, und aller andern dem Grafen angehörenden Rechte, welche der König Rudolf, seligen Angedenkens und seine Kinder durch sich selbst oder durch Andere zum Nachtheil des genannten Grafen von Savoyen und dessen Angehörigen an sich genommen und inne haben.[1]

Aber noch saßen hier, zu Gümmenen und Laupen, Vögte aus vornehmem freiburgischem Geschlecht, und Freiburg hielt

---

[1] Sol. Woch. 1828. pag. 421.

treu zu seinem östreichischen Herrn; es wurde unterstützt von dem größten Theil des kleinen Adels auf dem linken Aareufer, den Montenach, den Helfenstein, den Seftigen, den Rümlingen, den Wädiswyl und Weißenburg. Mit Bern stand somit Freiburg in offener Fehde, die weniger in Waffenthaten, als in gegenseitigen Verwüstungen sich äußerte und unter deren wechselnden Erfolgen ohne Zweifel niemand mehr zu leiden hatte, als die Sensegegend. In Cappel (Frauenkappelen) wenigstens haben damals die Freiburger mehrere Häuser verbrannt[1]); eine richtige Vorstellung von dem beiderseits angerichteten Schaden gibt uns erst die Abrechnung beim Friedensschluß.

Die unerwartete Erwählung Adolfs von Nassau zum König (5 Mai 1292) und die noch weit mehr überraschende Anerkennung desselben durch den übergangenen Albrecht, brachte eine Aenderung. Bern schloß sich dem Reiche wieder an, und Freiburg, das sich mit Savoyen und mit Murten aussöhnte, konnte auch mit Bern wieder Frieden schließen. Hatte die Umgegend von Laupen vorzugsweise den Schauplatz ihrer Fehde hergeben müssen, so sollte die neutrale Stadt nun auch die Ehre haben, die Unterhandlungen in ihren Mauern führen zu sehen. Am 11. Februar 1294 traten hier die bernischen und freiburgischen Abgeordneten zusammen, um die Ausgleichung der Schädigungen „an Geld, Wein, Korn, Salz und andern Lebensmitteln, an Eisen, Blei, Kupfer, Zugpferden und Ochsen" vorzubereiten, welche „seit der Zeit der Verbündung Berns mit dem Grafen Amadeus von Savoyen stattgefunden hatten."[2]) Vierzehn Tage nach Erneuerung des Bundesschwurs sollten vier Schiedsrichter, je zwei aus dem Rathe jeder Stadt zusammenkommen und erkennen, wie eine jede eingeklagte Schädigung zu vergüten sei. Mit einer jeden Forderung wird eine Gegenforderung der andern Parthei behandelt, und so weit thunlich, compensirt. Können die Schieds-

---

[1]) Sol. Woch. 1828. pag. 92.
[2]) Sol. Woch. 1825. pag. 92.

leute die Anstände nicht in Minne beilegen, so sprechen dieselben nach der Mehrheit; bei gleichen Stimmen hat der Kläger den Obmann zu wählen aus derjenigen Stadt, welcher er selbst nicht angehört; auch der Obmann spricht gleichzeitig über Klage und Widerklage. Die Städte verpflichten sich ihre Angehörigen zu Leistung des gesprochenen Schadensersatzes anzuhalten, und wenn es nicht geschieht, denselben selbst zu leisten.

Die Bünde wurden nun erneuert, allein das angeordnete schiedsrichterliche Verfahren wurde nicht in's Werk gesetzt, sondern es fanden neuerdings Schädigungen statt. Am 7. April 1295 traten die Städte wieder zusammen und ernannten nun sechs Schiedsrichter aus dem Rathe jeder Stadt. Von Freiburg wurden bezeichnet: Ulrich von Maggenberg, Wilhelm von Endlisberg, Ulrich Ritsch, Johannes von Wippingen, Jakob und Ruf von Tübingen; von Bern sind es: Gerhard von Grasburg, Cuno Münzer, Conrad Bischer, Niklaus Fries, Ulrich von Egerten und Johann von Lindenach. Zum Obmann war bezeichnet Ritter Ulrich von Thorberg. Tags nach Walpurgis sollten diese Männer in Laupen zusammentreten und über alle in den nächsten 14 Tagen denselben vorgelegten Fälle richten, mit den letzten anfangend. Der Obmann konnte gefallenen Meinungen beitreten oder selbständig urtheilen. Vier Wochen später soll die Tagleistung vollendet sein.[1]

Die Anstände wurden nun wirklich erledigt, und Freiburg stellte am 17. Mai in Laupen eine Generalquittung aus[2] für allen von Bern und dessen Angehörigen ihm zugefügten Schaden bis auf den heutigen Tag: „an Brand, Raub, Gewaltthat in Häusern, was man Heimsbach nennt, an Tödtungen, Wunden, Gefangennehmung, Pfändung und Entwendung von Geldern, Lebensmitteln auf Straßen und anderwärts." Wer von beidseitigen Angehörigen die Sühne nicht annehmen will, soll vom Bürgerrecht ausgeschlossen sein und beide Städte

---

[1] Sol. Wo. 1827, S. 289.
[2] Sol. Woch, 1828, S. 440.

stehen einander gegen denselben bei. Es hielt schwer, die ergrimmten Partheien zufrieden zu stellen. Hundert Pfund blieb Freiburg schuldig in Bern zu bezahlen, und der Friede kam nur dadurch endlich zu Stande, daß der uneigennützige Obmann diese Schuld auf sich nahm und Freiburg entledigte.[1]) (23. Jan. 1296.)

Die Stätte dieses Friedensschlusses war zum Theil selbst der Gegenstand des Streits. Freiburg trachtete sich dauernd den die Sense beherrschenden Platz zu sichern und erneuerte im Juni 1294 seine alten Bünde mit Laupen. Die Gemeinde Laupen bezeugt: „daß sie die eidlich Verpflichtung, welche seit den Zeiten des Grafen Hartmann des Jüngern mit unsern werthen und besonders lieben, den Schultheißen, den Räthen und der Gemeinde von Freiburg bis dahin bestanden habe, erneuere, und erklärt, denselben in allen ihren Angelegenheiten, welche Laupen betreffen, beistehen zu wollen, innen und auswärts, so oft dieselben ihrer bedürfen werden, vorbehalten allein ihre Herrschaft und wen dieselbe zum Burgvogt bestellen wird."

Vielleicht war es eher Bern, als das von den Rivalen hin und hergezerrte Laupen selbst, das nun dem gegenüber um so größern Werth darauf legte, seine Reichsunmittelbarkeit anerkannt zu sehen. König Adolf, dessen Politik sich auf die Städte stützen mußte, kam nach Bern, nachdem er zuvor der Stadt Freiheiten bestätigt und durch neue Privilegien vermehrt. Er verweilte in Bern vom 23. bis 28. Februar 1295 und besuchte von dort aus am 27. Februar auch Laupen. Hier legte ihm die Bürgerschaft den von seinem Vorgänger ausgestellten Freiheitsbrief vor und erhielt von ihm eine neue, aus Laupen selbst datirte, vermuthlich auf dem Schlosse abgefaßte und besiegelte Urkunde, welche erklärt, „daß er den — wörtlich wiederholten Brief — Rudolfs gesehen habe und den demüthigen Bitten der Bürger zu Laupen geneigt, denselben

---

[1]) Sol. Woch. 1828, S. 441. Diesen ganzen Abschnitt haben wir fast ganz aus von Wattenwyl entnommen: Bd. I., pag. 180 und 181.

im allgemeinen und im einzelnen erneuere, bestätige, billige und in Kraft des neuen Schreibens bestärke." ¹)

Vielleicht schon vorher hatte „Gottfried von Meremberg, kaiserlicher Landvogt in Elsaß und Burgund, den lieben Bürgern der Stadt Laupen alle ihre ehrlichen Rechte und Gewohnheiten bestätigt, damit .... sie desto williger seien zur Vertheidigung und Hülfeleistung ...." Leider fehlt eine Columne der ganz kleinen, aber sonst wohlerhaltenen Pergamenturkunde, vielleicht hätten die hier ausgesprochenen Motive der Ausfertigung eine Andeutung gegeben über die kritische Lage der zwischen feindliche Gewalten hineingestellten kleinen Ortschaft. ²)

Einige Zeit lang herrschte wieder Ruhe; allein auf einmal hieß es in Deutschland: „Was soll das Gräflein, das erwählt haben die pfaffen, das ryches frumm schaffen?" Adolf hatte sich zur Regierung unfähig erwiesen. Noch ehe er am 2. Juli 1298 Reich und Leben verlor, und Albrecht an seine Stelle trat, sah bereits die habsburgische Parthei in der westlichen Schweiz sich ermuthigt zu einem entscheidenden Schlag gegen Bern. Als die Freiburger mit ihren Verbündeten nach dem Dornbühl zogen (2. März 1298), mag wohl zu Laupen ihr Sammelplatz gewesen sein. Der freiburgische Burgvogt hatte Schloß und Stadt in seiner Gewalt, und hier mochte der gesicherte Uebergang über die Sense stattfinden, als sie herankamen sammt dem treulosen Ludwig von Savoyen, dem Herrn der Waadt, dem Bischof von Lausanne und dem Herrn von Montenach; hier mochten sie zu ihnen stoßen, von Norden her der Graf Rudolf von Nidau, von Süden Peter von Greyerz und Peter von Thurm mit seinen Wallisern, ehe sie durch den langen Forst hindurch gegen die verhaßte Stadt sich schlichen. Auf jeden Fall hatte Laupen seinen Antheil

---

¹) Originalurkunde im Archiv zu Laupen, das Siegel ist abgerissen. Datum: in Loupen III Cald. Marcii. Indict. VIII. anno dm. M° cc° nonag° quinto, regni vero nostri anno Tercio.

²) Urkunde im Archiv zu Laupen. 1295 ohne Tages- und Monatsdatum.

zu genießen an der wilden Flucht, als das schöne Heer, im Jammerthal geschlagen, noch rascher wieder zurückkam. Bern erhob sich in Folge dieses Sieges zu einer Machtstellung, welche zum ersten Male die künftige Bedeutung ahnen ließ.

In überraschender Weise gelang es König Albrecht jetzt, die Autorität des Reiches in Burgund herzustellen; der Bischof von Lausanne huldigte ihm, und selbst der Graf von Savoyen gab Peterlingen und Murten freiwillig wieder heraus;[1]) den Grafen Otto von Straßberg, seinen leiblichen Vetter, setzte Albrecht als burgundischen Landvogt ein, und dieser hatte seine Residenz in Laupen.

Allein schon im November 1301 zog er von Laupen fort, und zwar mit dem bewaffneten Heerbann seines Bezirks. Er eilte seinem bedrohten König zu Hülfe, als dieser am Rhein gegen weltliche und geistliche Churfürsten seine Krone zu vertheidigen hatte. Zu Laupen hoffte man ihn nicht wiederzusehen, die Bürgerschaft fühlte sich augenscheinlich weniger geehrt durch den vornehmen Bewohner ihres Schlosses, als vielmehr gedrückt von seinem strengen Regiment. Welcher Art die Reibungen waren, durch welche der Landvogt sich verhaßt gemacht, ist unbekannt; eine spätere Urkunde[2]) scheint auf vorgefallene Gewaltthaten zu deuten. Hat vielleicht einmal die Stadt dem Grafen den Einzug in ihre Thore verwehrt, als er von einer seiner Fehden wiederkam? Mit Begierde wurde die Hand ergriffen, die von gegnerischer Seite sich darbot. Sicher ohne Vorwissen des Schloßherrn hatte Laupen schon im Mai 1301 ein Schutzbündniß mit Bern geschlossen. Beide Städte verpflichteten sich, auf zehn Jahre hinaus: „ihre Rechte, Besitzungen, guten Gewohnheiten und was sie sonst in ihrem Gewahr haben, zu schützen gegen Jedermann, ausgenommen allein das Reich: sollte einer der Städte Schaden zugefügt werden von demjenigen, welcher die Burg Laupen in Besitz hat, sei er wer er wolle, so soll derselben die

---

[1]) von Wattenwyl, I. 201.
[2]) Siehe Berkommniß vom 8. Mai 1308. (gesäß = Belagerung.)

andere Stadt helfen und mit Rath beistehen, diesen Schaden abzuthun." Für Streitigkeiten zwischen den Bürgern solle, wie in solchen Fällen üblich, ein Schiedsgericht eingesetzt werden.[1])

Bern rechnete auf den Erfolg des rheinischen Aufstandes und stellte die fernere Anerkennung des gefürchteten Königs und seines Stellvertreters ernstlich in Frage; das bisher freiburgisch-österreichische Laupen stand diesmal auf Seite Bern's, und der Kompaß seiner politischen Sympathien wies von da hinweg bleibend nach Osten. So hat in demselben Jahre, in welches die Sage die Empörung der Waldstätte gegen den Druck österreichischer Vögte verlegt, unser kleines Städtchen seinen österreichischen Landvogt, den Regenten der burgundischen Landschaft aus seinen Mauern „vertrieben", um bald hernach für mehr als einundeinhalbes Jahrhundert die westlichste Grenzfestung der Eidgenossenschaft zu werden.

Otto von Straßberg kehrte zwar noch einmal zurück aus dem glücklich beendeten Feldzug; aber das neue Verhältniß gab den Bernern hochwillkommenen Anlaß bei der ersten Nachricht von Albrecht's Ermordung die Burghut zu Laupen an sich zu ziehen. Mit dem Tode des Königs war auch das Amt seines Statthalters erloschen, und die Berner verlangten im Einverständniß mit den Bürgern von Laupen, diese Feste zu besetzen.

Am 8. Mai fand in der Burg zu Bremgarten eine Zusammenkunft mit dem Grafen Otto statt, welcher auch der Schultheiß Rich von Solothurn und der Johanniter-Comthur des Hauses Buchsee als Vermittler beiwohnten. Der Graf übergab die Burg und was dazu gehörte, den Bernern zu des Reiches Handen, dieselbe zu „behüten, zu besetzen und zu entsetzen nach ihrem Willen." Der von ihnen zu ernennende Burgvogt sollte 100 ₰ von den Einkünften beziehen, zur Hälfte in Geld (in phennigen) zur Hälfte in Korn. Alles übrige, „an zinsen, an zenden, an erschatz von den zenden und

---

[1]) Sol. Woch. 1830. S. 571. Vergl. von Wattenwyl, I. 203.

von den gütern, von vällen und stüren, die zu der burg loupen gehörend, als es von alters herkommen und gewohneit ist," mußte noch sechs Jahre lang an Straßberg abgeliefert werden. „Und wenn diese sechs nutze ußkommen, so soll dieser brief und diese gedinge gar ab sin. Were auch das, das in den sechs nutzen — d. h. innerhalb der sechs Jahre — ein röm. Küng oder Keyser wurd, u die in Bern dem huld teten, von deshin ist ouch dieser brief u diese gedinge gar abe."[1])

Dieser Vertrag sicherte dem Landvogt die sehr zweifelhaft gewordenen Einkünfte der Burg, gab der bernischen Annexions-Politik eine werthvolle Anwartschaft für die Zukunft, und entsprach zugleich den Wünschen der Ortschaft, um welche es sich handelte; Straßberg erklärt in der Urkunde: „u versehen mit diesem briefe, das alle mishelle, die zwüschent uns u den Burgern von Bern u von Loupen umb das gesäß (Belagerung) von Loupen u um diese sache was, ist liblich geschlichtet u versünt für uns u unsere erben u für alle unsere fründe."

Der in der Urkunde als kaum wahrscheinlich vorgesehene Fall trat wirklich ein; noch in demselben Jahre 1308 wurde Heinrich von Lützelburg (Heinrich VII.) zum deutschen König erwählt, und da dieser den Otto von Straßberg in seinem Amte bestätigte, so blieb die Verkommniß zunächst ohne weitere Folge. Immerhin wurde die kleine Reichsstadt an der Sense mit der großen an der Aare um so enger verknüpft, und eine Verbindung vorbereitet, welche das Schicksal beider, wenn auch in verschiedenem Sinne, dauernd entschied.

Freiburg stellte dieser Wendung keine Hindernisse entgegen, es stand zur Zeit in freundlichem Verhältniß zu Bern. In Laupen hatten wieder die Versöhnung stattgefunden. Am 8. April 1308 hatten Abgeordnete der beiden Städte das durch Interessengemeinschaft so oft geknüpfte, durch politische Umstände eben so oft zerrissene Bündniß beschworen: „Wir erkennen, daß wo Friede und Liebe ist, da auch Gott gegen-

---

[1]) Sol. Woch. 1827. S. 461. Vergl. Archiv d. h. B. d. K. Bern. V. 5. pag. 563.

untersagten alles Ziehen vor das geistliche Gericht und an den Landtag, außer um Sachen, welche die geistliche Gerichtsbarkeit berührten. Jeder sollte vor dem Schultheiß seines Wohnorts Klage führen und Recht nehmen.[1]

Es bezeichnen diese Tage den Höhepunkt in der Geschichte unserer Stadt. Während die beiden Nachbarstädte sich bald mit gewaltsamen, bald mit friedlichen Mitteln um die Gunst der gleichberechtigten Bundesgenossin stritten, wurde ihr zum zweiten Male die Ehre eines königlichen Besuches zu Theil. Der neuerwählte Heinrich VII. verweilte im Anfang Mai 1309 einige Tage in Bern. Am 7. dieses Monats war er in Freiburg, am 8. in Laupen, dessen Freiheitsbriefe Bestätigung erhielten. Seine Gemahlin begleitete ihn, ebenso die beiden Churfürsten von Mainz und von Trier und ein glänzender Hofstaat von mehr als 1000 Pferden, die ein ungewohntes Leben brachten in die stillen Wälder des Uechtlandes. In Bern wurden sie „schon (schön) empfangen und groß zucht und ere getan und erbotten."[2]

Schon im folgenden Jahre kam der König wieder nach Bern; dießmal aber war sein Erscheinen ein verhängnißvolles. Er war auf der Fahrt nach Rom begriffen, wo er die Kaiserkrone sich aufsetzen wollte. Der Ritter Otto von Graubson wurde mit den Grafen von Savoyen und von Flandern an den Pabst Clemens abgesandt, um mit ihm die nöthigen Unterhandlungen zu führen. Zum Lohn für seine Dienste schenkte ihm der König 1500 Mark Silber; da er aber kein Geld hatte, versetzte er ihm Laupen als Pfand. Er übergab ihm unwiderruflich, doch dem Reich die Lösung vorbehalten, die Stadt und die Veste, sammt allen zugehörenden Besitzungen und Einkünften, Gerichten und Rechten, zugleich mit der außerordentlichen Vergünstigung, das Reichspfand seinen Erben

---

[1] Sol. Woch. 1830. S. 572. Im Archiv zu Laupen liegt ein Stück einer ganz zerstörten, unlesbaren Urkunde, auf der Rückseite steht: „Punktbuß zw." Wahrscheinlich ist dieß der letzte Rest eines der beiden Bundesbriefe mit Bern oder mit Freiburg.

[2] Vergl. Justinger 43 und Archiv d. h. B. d. K. Bern. V. 5. 564 ff.

hinterlassen oder um die gleiche Summe an wen er wolle übertragen zu können (15. Septbr. 1310).[1])

Am 5 Wintermonat sandte der nunmehrige Herr von Laupen, Otho dominus de Grandissono, Ritter, seinen treuen und edlen Bürgern und den andern Leuten auf seiner Burg zu Loyes mit seinem Grutze, auch den Johannes Salterii, Castellan von Grandson, um der neuen Unterthanen Huldigung entgegenzunehmen. Erst am 14. Dezember sicherte er ihnen auch seinerseits den Fortbestand ihrer Freiheiten und Gebräuche, welche ihnen die Könige Albertus und Rodulphus ertheilt. Am 26. Dezember 1311 kam dahin als Vogt der Edle Wilhelm von Villarzel.[2])

So schien plötzlich Laupen sowohl Bern als Freiburg entgehen und in gänzlich fremde Hände kommen zu sollen. Allein gerade diejenige Bestimmung der Pfandübergabe, welche der Verpfändung das Ansehen einer dauernden Besitzesabtretung gab, führte dahin, daß die Stadt zwar ihre volle Reichsfreiheit einbüßte, aber doch den Schwerpunkt schließlich fand, zu welchem sie naturgemäß gehörte. Otto von Grandson machte Gebrauch von dem Zugeständniß, die Pfandschaft auf Andre übertragen zu dürfen. Er übergab Laupen — das Jahr dieser Abtretung ist nicht bekannt — dem Johannes vom Thurm, Ritter, Herr von Gestelen, dem savoyischen Landvogt im Wallis. Ihn beerbte sein Sohn, Jungher Peter vom Thurm, Perrodus de Turre; und endlich verkaufte dieser im Jahr 1324 mit Willen seines Oheims und Pflegers, des Bischofs von Sitten, alle seine Ansprüche auf Burg, Stadt und Herrschaft Laupen,

---

[1]) Sol. Woch. 1829. S. 103.

[2]) Auch diese drei Urkunden sind im Archiv zu Laupen, aber übel erhalten; von der zuletzt genannten fehlt ein abgerissenes Stück. Mit Sicherheit lesbar sind nur noch die Anfangsworte: Otho de Grandissono; und auf der Rückseite in späterer Schrift: „26. Christmonat. Otto von Grandson gibt der Statt Louppen zu einem vogt oder castlan den edlen Wilhelm von Villarzel." (Vielleicht abgedruckt. Sol. Woch. 1827. S. 461). Die zweite, nach der Rückseite vom 14. Dezember 1310, ist dabirt: „Datum ... in Sabaudia ... die mensis ..."

mit Leuten und Gütern, namentlich dem Forste, und Recht und Gericht um 3000 ☞ Pfennig an die von Bern.¹)

Ungesäumt kamen Schultheiß, Räth und Zweihundert und die Gemeinde von Bern und thaten „kunt menlichem mit diesem briefe nu und hienach daß Wir dien burgeren und der statt von Louppen vür uns und unser nachkomen alle biewile so wie si inne hein, besteten alli ihr recht alle ihr vriheit und ir rechten und erbern gewanheit, die inen von Römischen keisern oder königen recht und redelich gegeben und bestetet sind und loben vür uns und unser nachkomen biz stete ze hanne und hiewider nit ze tunne in guten trüwen ane geverde biewyle wir si inne hein als da vor geschriben stat."²) Der deutsch geschriebenen, auffallend schönen Urkunde mit ihren großen gothischen Buchstaben möchte man den Bürgerstolz ansehen und die hohe Befriedigung über das endliche Gelingen dieser schwierigen Verhandlung.

Bern hatte alle Ursache dieser ersten Erwerbung einen bedeutenden Werth beizulegen. Unter dem Vorwande der Blutrache für den Mord Albrecht's hatte das Haus Oesterreich den kleinen Herrschaftsadel in den obern Landen niedergetreten³) und dessen Besetzungen direkt oder indirekt sich zugeeignet. Die Landgrafschaft Burgund war an die Grafen von Kyburg übergegangen, und zwar — aus den Händen des Herzogs von Oesterreich (Willisauerverträge, 1. August 1313). Die Kyburger waren zwar zu Zeiten mit Bern befreundet, selbst verbürgert, beugten sich aber doch in mancherlei Schwanken vor der überlegenen Macht, welche in eben diesen Jahren fortwährend um die Königskrone rang. Selbst der Brudermörder Eberhard, welchen die Berner nach dem entsetzlichen Ereigniß in ihren eigennützigen Schutz genommen, blieb nur ein unzuverläßiger Bundesgenosse, und mit der Erwerbung der Stadt Thun hatte ihre Schlauheit sich verrechnet.

---

¹) Urkunde im Staatsarchiv.
²) Originalurkunde im Archiv zu Laupen. Datum: an sant Egidientage Thusend, drihundert vnd vier vnd zweintzig jar.
³) Vergl. von Watt. II. 11 und 12.

Die zwiespältige Königswahl (Ludwig's des Bayern und Friedrich's von Oesterreich, 19. Oktober 1314) und der dadurch entstandene Bürgerkrieg gab zwar den von Oesterreich Bedrohten die Möglichkeit, sich zur Parthei seiner Feinde zu schlagen, gab aber auch Oesterreich selbst Gelegenheit, um so ungehemmter unter dem Panner des Reichs seine Hauspolitik zu verfolgen. Obwohl der Streich des Herzogs Leopold gegen die Waldstätte bei Morgarten mißlungen (15. November 1315) und ebenso seine Belagerung von Solothurn (August bis Oktober 1318) erfolglos geblieben, so war doch die Lage der Reichsstädte und Länder eine stets bedenkliche. Gegen diese Gefahr konnte nur Gemeinschaft stärken. Bern hatte, wie mit Freiburg und mit Laupen, so mit Solothurn, mit Biel und Murten, mit Thun und Burgdorf und der Landschaft Hasle einen engen Bund geschlossen, der sich um keinen Kaiser kümmerte. Bern gab sich insbesondere Mühe, die erstgenannte Stadt (Freiburg) von ihrer Herrschaft abzuziehen; da aber dieses nur zum Theil gelang, war es von höchster Wichtigkeit, daß Laupen nicht an Freiburg und damit an Oesterreich fiel; daß es eben so wenig als Besitz eines fremden Ritters zwischen Bern und Freiburg trennend hineintrat, sondern beim Verlust seiner eigenen Selbständigkeit, Bern's und des freien Städtebundes Macht vermehren half.

Für Bern war dieser Kauf der ersten Landvogtei nicht nur die Bedingung zur Behauptung seiner städtischen Freiheit, sondern der erste Ansatz zur Bildung eines eigenen Gebiets über das enge Stadtziel und die vier Kirchspiele (Bolligen, Vechigen, Stettler und Muri) hinaus, der erste Schritt zur Erweiterung der Stadt zum Kanton.

Laupen selbst war zu klein, um in solchen Zeiten sich im Stande der Reichsfreiheit erhalten zu können. Seine Lage bot zu wenig Vortheile dar, als daß die Ortschaft sich wesentlich vergrößern sollte, und sie war doch zu günstig, als daß sie von den Nachbarn unbegehrt, in ihrer Kleinheit so fortleben konnte. Als Beherrscherin eines wichtigen Passes von der mittleren in die westliche Schweiz, war sie beständig Gegenstand des Streits gewesen, ohne selbst ihre Stimme geltend machen zu können. Mit dem Wegzuge des Grafen von Straßberg, der am Tage der Morgartenschlacht auf der schleunigen Flucht über den Brünig sich zum Tode verletzte, war auch der kurze Glanz verschwunden, den die Hofhaltung des kaiserlichen Statthalters über Burgund ihr eine Zeit lang verliehen. Der Verpfändung durch den geldbedürftigen Kaiser vermochte sie sich nicht zu widersetzen. Im Jahr 1310 hatte sie sich noch als gleichberechtigt freie Stadt mit Bern und Freiburg verbunden und war durch sie ein Glied jenes weitern Städtebundes geworden; aber im Jahre 1318 wird sie nicht mehr genannt in dem großen Landfriedensbündniß, das dieselben Städte am 18. Februar (1318) in dem nahen Gümmenen beschworen. Wahrscheinlich hatte die Bürgerschaft bereits die Gewalt ihres neuen Pfandherrn zu fühlen, der ihre Freiheit beschränkte, und dem Beitritt Hinderniß bereitete; jedenfalls hatte sie die Möglichkeit selbständigen Handelns verloren. Auch für Laupen war der friedliche Anschluß an eine größere Stadt und einen künftigen republikanischen Staat ein Gewinn, der voll entschädigte für den Verlust der eigenen Reichsunmittelbarkeit.

6. Laupen als Reichsstadt und seine Umgebung.

Durch die Gunst Rudolf's von Habsburg waren Laupen die nämlichen Rechte und Freiheiten verliehen, welche das größere Bern genoß. Einige von der Gemeinde frei erwählte Rathsherren mit ihrem Vorsteher, der noch den stolzen Titel Schultheiß führte[1]), versammelten sich so oft sie etwas zu berathen hatten in der innern Verwaltung der Gemeindeinteressen, so oft ein Frevel innerhalb des Stadtbanns vorgefallen war oder ein Bürger außerhalb desselben sich strafbar gemacht, so oft streitende Partheien eine Entscheidung von ihnen verlangten. Der Rath übte zugleich die niedere Ge-

---

[1]) Siehe die unten angeführte Urkunde von 1313.

richtsbarkeit aus und bezog für seine Urtheilssprüche die festgesetzten Bußantheile und Gefälle.

Im Anfang des Jahres 1313 war offenbar der hohe Rath der Stadt einmal recht rathlos beisammen gesessen. Wahrscheinlich waren zwei Bürger mit einander uneins geworden, es kam zu Thätlichkeiten, und einer schlug den andern so, daß er starb. Der unerhörte Vorfall setzte die juridische Gelehrsamkeit der Herren auf eine allzu harte Probe; sie beschlossen endlich sich nach Bern zu wenden und dort anzufragen, wie es in solchem Falle gehalten werden solle. Vor der alten Faßnacht 1313 antwortete der Schultheiß Lorenz Münzer (Laurentius Monetarius) von Bern mit dem gesammten namentlich aufgeführten Rathe „den klugen und bescheidenen Männern, dem Schultheißen und der Gemeinde der Stadt Laupen" durch Mittheilung der dahin einschlagenden Bestimmungen der Berner Handfeste oder goldenen Bulle und einiger andern Rechtsgrundsätze, welche zu Bern gesetzliche Uebung geworden.[1]) Ohne Zweifel wurde diesen letztern Bestimmungen gemäß das Verbrechen nicht als Mord, sondern nur als Todschlag angesehen und der Richter begnügte sich mit einer Buße von 3 Schilling.[2])

Warum hatten jene beiden Männer sich gestritten? Wahrscheinlich um Eigenthumsrechte, vielleicht aber auch um politische Ansichten und Meinungen. Gewiß war auch die Bürgerschaft getheilt in ihren Sympathien, und Freiburg wie Bern, Oesterreich wie Savoyen, mochten ihre Anhänger zählen, die wohl zu Zeiten hart an einander geriethen, wenn es sich etwa wieder

---

[1]) Originalurkunde, in lateinischer Sprache, im Archiv zu Laupen. Darin sind wiedergegeben die Bestimmungen der Berner Handfeste Nr. XXXV., XXVIII. und XXV. nach der Herausgabe von G. König.

[2]) Und wenn zwei als Freunde aus der Stadt Bern hinausgehen und einer den andern zum Zorn reizet außer der Stadt und der Stadtzielen, tödten würde, und jener nicht läugnete, zuvor an einen Ort gekommen zu sein, wo er seinen Leib in Sicherheit hätte bringen können, — daß dieses von den Burgern zu Bern nicht als Mord, sondern als Todschlag beurtheilt wird, und daß jener Todschläger deßhalb gehalten sein soll, dem Herrn und Richter drei Schilling zu bezahlen und nicht mehr.

um ein neues Bündniß handelte. Lagen auch die Gesichtspunkte hoher Politik ihnen ferne, so war es um so wichtiger für Leben und Treiben der kleinen Landstadt, was für ein Vogt auf dem Schloß residirte.

Der Vogt übte zwar keine Rechtsbefugnisse aus über die sich selbst regierenden Bürger; aber der Einfluß des mächtigen Herrn mußte dennoch in Allem maßgebend sein. Auf der „Landgarben" sammelte er jährlich die dem König zustehenden Zinsen und Gefälle ein; auf dem „Landstuhl" bei Sternenberg hielt er an gewissen Tagen öffentliches Landgericht über die Leute der Grafschaft in allen den Prozessen, welche von den niederen Gerichten der kleinen Herrschaftsherren nicht beurtheilt werden konnten. In den Jahren da durch den Grafen von Straßberg das Schloß zu Laupen der Regierungsmittelpunkt der gesammten burgundischen Provinz geworden war, mochte ein nicht unbedeutender Verkehr von Prozedirenden und Rekurrirenden, von Petenten und Reklamanten aus allen Gauen der Westschweiz sich hieher ziehen und auf der Burg sich bewegen.

Das Hauptgebäude des Schloßes, nach Südwesten gelegen, schaute aus den kleinen Fensteröffnungen hoch über der rauschenden Sense nach den Alpengipfeln hinauf; nach Norden war der schmale Hof wohl nur durch die hohe Mauer abgeschlossen, deren Ueberrest noch neben den neuen Schloßwohnungen zu erkennen ist; sie ließ den Blick frei nach der den Horizont abschließenden Wellenlinie des Jura. Oestlich über den breiten, durch Einschnitt in den lebenden Felsen künstlich gebildeten Graben vermittelte eine Zugbrücke den Zusammenhang mit dem walbigen Hügel; das Eingangsthor war durch einen gewaltig-massiven, jetzt verschwundenen Thurm geschützt.

Unmittelbar von der Burg herab schlang sich die Mauer rings um das unten liegende Städtchen; der oben umlaufende hölzerne Rundgang hing an seinen beiden Enden mit dem Schloße zusammen. Am Abhange selbst, zwischen dem Schloß und der Stadt lag die Häusergruppe des „Freihof's" mit seinen uralten Privilegien; ihr nebenan stand die kleine Kapelle, dem heil. Pancratius und der heil. Katharina geweiht, eine Filiale der Pfarrkirche zu Neuenegg[1]); und unten drängten sich die niedrigen hölzernen Häuser, mit den weit vorstehenden Dächern und den unten offenen „Lauben", nach hinten eng an die Rollsteinmauer gedrängt, nach vorn eine kurze Haupt- und eine noch kürzere Seitenstraße bildend. Jene endigte in einem wohlbefestigten Thore, das den Verkehr mit Gümmenen, Murten und ohne Zweifel auch Bern ermöglichte; diese führte unter einem kleinen Thorweg unmittelbar an die gleichsam als Stadtgraben dienende Sense, und mittelst einer Fähre in der Richtung nach Freiburg hinüber. Noch jetzt trägt eine Wiese, die freilich gegenwärtig ziemlich weit vom Ufer entfernt liegt, die Bezeichnung „Fährhausmatte".

König Albrecht gestattete im Jahr 1298 seinem getreuen Ulrich von Wennringen und seinen Erben, eine Mühle zu bauen „an der Sense, zwischen ihrer Ausmündung in die Saane und der Fluh, wo es ihm am passendsten erscheine".[2]) Der mit diesem Rechte beschenkte, damals Burgvogt zu Laupen, errichtete sein Wasserwerk unmittelbar vor der Stadt, an dem Fuße des steilen Schloßhügels selbst, von wo es aber im Laufe des 14. Jahrhunderts noch mehrmals versetzt werden mußte. Im Jahr 1312 übergab er die Mühle seinem Tochtermann, Otto von Helfenstein.[3]) Von andern Gewerben vernehmen wir nichts; die Stadt war ein kleines ummauertes Dorf, die Beschäftigung der Bürger mochte sich beschränken auf die Bebauung der gemeinsam besessenen Aecker, auf die Herbeischaffung des erforderlichen Holzvorraths aus den unvertheilten Waldungen, und auf die Pflege des Viehstandes, der auf den gemeinen Weiden seine Nahrung fand. Vielleicht bot auch die Fischerei noch einigen Ertrag.

War so für den größten Theil des Lebensunterhalts gesorgt, so wurden die übrigen Bedürfnisse auf dem Markte

---

[1]) Urkunde von 1453, ausgestellt von den Visitatoren des Bischofs, im Archiv zu Laupen, siehe später.
[2]) Zeerleder II. 467.
[3]) Urkunde im Staatsarchiv.

eingetauscht. Justinger erzählt, daß einst im Jahr 1311, „da war zinstag", das Fährschiff unterging, das die Markt=leute von dem Frienisberge bei Tettingen über die Aare bringen sollte, es waren 72 Personen, welche bei dem Un=glücksfall ertranken.[1]) Wir schließen daraus auf die Be=deutung des Marktverkehrs zu Bern. Aehnliche Züge machten sich auch von Laupen her der mangelnden Sicherheit wegen gemeinsam und zu Schutz und Trutz verbündet auf den Weg nach Bern oder nach Freiburg. Ueber die Richtung der Straßen ist aus dieser Zeit weder Zuverlässiges noch auch Wahrscheinliches zu sagen. Als Tauschmittel galt anfangs, wie es scheint, allgemein die vom Bischof geprägte Münze, Lausannerwährung[2]); doch bereits fing die Bernermünze an sich geltend zu machen, und in gleichem Schritt mit dem wachsenden Einflusse Bern's wurde auch immer mehr nach Bernerpfunden gerechnet.

Namen der damaligen Bewohner sind uns keine auf=behalten, mit Ausnahme einiger der schon genannten aus Freiburg stammenden Vögte und des Geschlechts von Helfen=stein, dessen erster, Otto, als Tochtermann Ulrich's von Ven=ringen nach Laupen kam, und das von da an noch öfters als daselbst begütert erscheint. Namenlos wurde wieder vergessen, wer nicht als Glied eines abligen Geschlechtes Bedeutung er=hielt. Die erste statistische Notiz, im Visitationsberichte des Bisthums Lausanne[3]), der im Jahr 1453 in der ganzen Parochie von Neuenegg nur 35 Feuerstätten zählt, weist uns, für 150 Jahre früher, und für das Städtchen Laupen allein, auf eine äußerst geringe Bevölkerungszahl.

Das Dorf Neuenegg (Nuneca, Nynwenegg, Nuwenech), das keine eigene Herrschaft bildete, kam als Zubehörde zu Sternenberg, dann zum Schloß Laupen, zugleich mit diesem an Bern. Noch weiter hinauf am Ufer der Sense stand die vordem stets mit Laupen zusammen genannte Grasburg, der

---

[1]) Justinger, pag. 44. Nr. 80.
[2]) Justinger, pag. 35. Nr. 60. Vergl. pag. 55. Nr. 98.
[3]) Abhdlg. d. h. B. d. K. Bern. Jahrg. 1. pag. 331.

Sitz eines eigenen Vogts zur Verwaltung des obern Theils im ehemaligen Aufgau. Auch das Geschick, von Kaiser Heinrich VII. verpfändet zu werden, hat sie mit Laupen getheilt; aber sie kam an Savoyen und beider Wege gingen lange aus einander. Von dem noch höher gelegenen Kloster Rüeggisberg haben wir bereits gesprochen. Zwischen Laupen und Neuenegg lagen im Jahr 1339 und sicherlich schon lang zuvor noch die Dörfchen Wibon und Oberwyl[1]), wohl nur aus einigen Häusern bestehend, mitten in Wäldern und Weiden, nur von wenigen der Kultur gewonnenen Aeckern umgeben. Daneben, an sonniger Halde, möglicherweise der schon so früh genannte Hof zu Brüggelbach (Ponticale[2]). Auch Neßleren, sowie die Neueneck gegenüber liegende Blamatt (jetzt Flamatt) war bereits bewohnt und bebaut; wir kennen sogar den Eigenthümer, der es 1312 besaß, er hieß Albertus Picard, Bürger zu Freiburg; derselbe verkaufte im Mai dieses Jahres seine Güter zu Neueneck und zu Neßleren, sowie eine Matte zu Blamatt, unter der Mühle gelegen, nebst allen seinen dortigen Besitzungen. Die Käufer waren ein Berner, Rudolf Isenhut, und ein Freiburger, Peter Bucher. Das ganze mit Zinsen, Rechten, Gerichtsbarkeiten, Früchten, Nutzungen und allen Zubehörden galt 100 ₰ (wahrscheinlich Lausanner Währung[3]).

Am linken Ufer der Sense finden wir auf anmuthigem Abhang die Kirche von Ueberstorf[4]), die wie Neuenegg zum Dekanat Köniz und früher wohl auch zur Grafschaft Laupen gehörte. Zu Bösingen, Laupen gerade gegenüber, erbauten erst später die Deutschherren von Köniz eine Kirche; zur Zeit von der wir reden, mochte dieser Winkel zwischen Sense und Saane noch wenig bewohnt sein; doch stand zu Vennringen (Fenbringen) der Stammsitz jenes Edlen, der eine Zeit lang Vogt zu Laupen war. Ob auf dem steil gegen die Saane abfallenden Plateau zu Kriechenwyl, ob zu Gammen bereits

---
[1]) Chron. de Berno (Justinger, pag. 300).
[2]) Siehe oben.
[3]) Kaufbriefurkunde im Staatsarchiv.
[4]) Conon d'Estavayer, 1228. Bei Zeerl. I. 244—252.

der Laubwald gelichtet, einige Schupposen ausgereutet, und vielleicht ein stattlicher Hof, vielleicht einige mit Stroh bedeckte Köhlerhütten errichtet waren, das wissen wir nicht. Wer in dieser Richtung weiter durch das dichte Gehölz sich durcharbeitete, erblickte plötzlich unter Bäumen versteckt die Kirche der reichen Probstei Münchenwyler, und in der Tiefe unten den blauen See und die ehrenfesten Thürme von Murten. Auch diese Stadt, Laupen's ältere Schwester, war der Geldnoth Heinrich's VII. zum Opfer gefallen und bei jenem Römerzuge durch Verpfändung (1309)[1]) schließlich dauernd in savoyischen Besitz gekommen. Die früher besprochene Wallfahrtskapelle in dem näher gelegenen Ferenbalm (Balmettes, Baumettes) wurde bald in eine Pfarrkirche verwandelt und gehörte als solche 1228 zum Dekanat von Wiflisburg.[2]) Die fruchtbare Gegend, mit Getreide- und Weinbau ernährte schon eine verhältnißmäßig beträchtliche Bevölkerung.

Oltingen lag, bereits von seiner Bedeutung gesunken, einsam im wilden Thaleinschnitte der Saane. Es war Eigenthum der Zähringer, und vererbte sich als solches an das kyburgische Geschlecht. Als Ehepfand und durch allerlei Heirathsverträge kam es in die Hände, erst einer savoyischen Prinzessin, dann auch ihres Hauses. Philipp von Savoyen besaß dasselbe 1274.[3]) Burkhard, von dem nahen Teitingen, war sein Castellan.[4]) Später jedoch kam es wieder an Kyburg zurück, und Peter, ein unebenbürtiger Abkömmling der Familie waltete im Jahr 1301 daselbst als Vogt.[5]) Zudem gab es ein Rittergeschlecht, das sich von Oltigen nannte.[6])

Im Jahr 1318 machten die Berner einen Einfall in das abgelegene Gebiet. Die sog. anonyme Stadtchronik erzählt

---

[1]) Vergl. v. Watt. Bd. II., pag. 5.
[2]) Conon d'Est. Bei Zeerl. I. 244—252.
[3]) Zeerleber II. 142.
[4]) „ II. 399.
[5]) v. Watt. Bd. II., 238, nach einer frienisberger Urkunde vom 17. Juli 1301.
[6]) Siehe eine Reihe von Urkunden bei v. Watt. II. 238.

uns: Im demselben zit hattend ouch die von Bern krieg mit den grafen von kiburg, und als der Hertzog vor Solotren lag da zugend die von bern und wusten (verwüsteten) sin lannt mit brand und roub.¹) Wahrscheinlich setzten sie bei Oltingen über die Saane; eine Urkunde wird darauf bezogen, in der die Rede ist von Schädigungen, welche bernische Reiter den Angehörigen von Murten zugefügt haben.²)

Allmählig zog sich der Verkehr auf der linken Seite der Aare nach dem nähern, nur eine Stunde von Laupen entfernten Gümmenen, wo zwei enge Seitenthäler³) gerade gegenüberliegend sich einer Straßenanlage günstiger boten. Der Paß muß stark benutzt worden sein. Rudolf von Habsburg machte den Ulrich von Maggenberg zum erblichen Castellan von Gümmenen, unter Anweisung von 200 Mark Silber. Für 100 Mark wies er ihn an auf den Ertrag der dortigen Fähre (navigium seu passagium apud Contamina); für 3 ℔ wies er an dortige Häuser. Diese Summe solle Maggenberg zum Ankauf von Burglehen verwenden; das steinerne Haus und die Hofstatt vom Thor der Burg bis zum Sode Gerite (puteus qui gerita dicitur) gab er dem Edeln zur Wohnung.⁴) Wahrscheinlich war das Geschenk die Belohnung für die Dienste, welche dieser ergebene Freiburger dem König bei der Belagerung von Bern (1288) geleistet hatte. Schon vorher (1284) hatte er ihm die Ortschaft Muns oberhalb der Burg zu Gümmenen für 60 Mark Silber verpfändet.⁵)

Zwischen Gümmenen und Laupen versteckten sich die schon erwähnten Waldmühlen in den tiefen Rinnsalen des „Mühlenbergs."

---

¹) Justinger, Seite 52.
²) Urkunde vom 30. März 1321.
³) Ein solcher Einschnitt heißt „Gummen", daher wohl die Mehrzahl: „Gümmenen".
⁴) Zeerleder II. 343. Sol. Woch. 1827. S. 429.
⁵) „ II. 298.

So lag die Landschaft da, scheinbar friedlich, und doch ein beständiger Zankapfel für zwei Nationen, die ihre natürliche Grenze noch nicht gefunden hatten. Auch der definitive Anfall von Laupen an Bern brachte noch nicht sofort Ruhe. Erst recht zog sich jetzt der Kampf dahin und sollte hier das Schlachtfeld finden.